文・構成／小澤典代
写真／森 隆志

韓国の美しいもの

한국의 아름다움

とんぼの本

新潮社

目次

文・構成／小澤典代
写真／森 隆志

衣 — 004

チュモニ 주머니 袋物 006
ポソンとタンヘ 버선과 당혜 足袋と靴 010
ヌビ 누비 刺し子 012
モシ 모시 からむしの生地 018
ノリゲ 노리개 チマチョゴリのアクセサリー 022
チルボ 칠보 七宝 026
クムバク 금박 金箔 032
ホルレジャンシク 혼례장식 婚礼装飾 036

食 — 040

ソバン 소반 お膳 042
スッカラク 숟가락 匙 046
クムソク シッキ 금속 식기 金属食器 050
トクサル 떡살 餅型 054
ペクチャ 백자 白磁 058
オンギ 옹기 伝統の甕 062
ホボク 허벅 済州島の水瓶 066

※本書で紹介する品物は、作家による一点ものや骨董品がほとんどです。所蔵先の記載のないものはすべて、著者が韓国国内のショップや作家の工房などからセレクトしたものです。類似する品物が購入できるショップは一二四〜一二六頁をご参照ください。

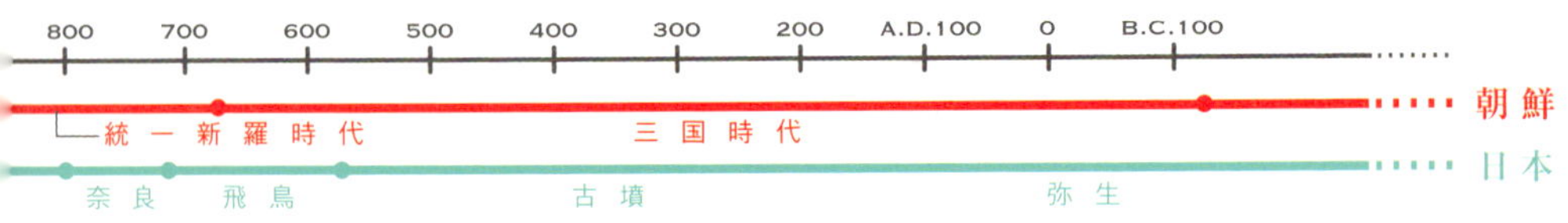

住——068

ポジャギ 보자기 風呂敷 072

チムグ 침구 寝具 078

ファガク 화각 牛角の工芸 080

ナジョン 나전 螺鈿 084

ヤクチャン 약장 薬箪笥 088

トゥソク 두석 飾り金具 090

チョンガク 전각 篆刻 094

ハンジ 한지 韓紙 096

ワンゴル コンイェ 왕골 공예 莞草工芸 100

小澤典代さんお薦めのショップ&ミュージアム——124

あとがき——127

祈りと祀り——106

モグ 목우 木偶 108

ソッテ 솟대 木造の鳥 112

ソギン 석인 済州島の石像 114

キロギ 기러기 鳥の置物 118

タル 탈 面 120

◆女性たちの手が生み出す、愛情いっぱいの閨房工芸 016

◆指輪、ブローチ、ティッコジ、ピニョ……可憐アクセサリー尽くし 028

◆扶余・公州 百済王国の栄華をしのぶ古都へ 038

◆オモニが存分に腕をふるう、使い勝手のいい台所 053

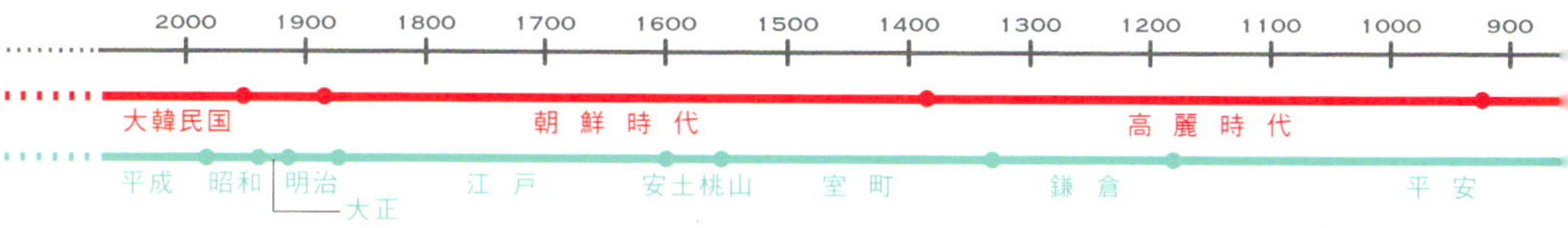

2000 1900 1800 1700 1600 1500 1400 1300 1200 1100 1000 900
大韓民国
朝鮮時代
高麗時代
平成
昭和
明治
大正
江戸
安土桃山
室町
鎌倉
平安

衣

ソウルの仁寺洞《インサドン》など、観光客が多く集まる場所を散策していると、独特の布工芸や装飾品を扱う店が多いことに気がつきます。色彩豊かなチマチョゴリや、布に刺繍を施した袋物、手の込んだノリゲ（アクセサリー）などの装身具はどれも美しく、私たち外国人にとって、とてもエキゾチックに映ります。現在、伝統衣装や工芸品として紹介されるこうした品々は、韓国女性が朝鮮時代（一三九二〜一八九七）まで身につけていた衣類や装身具でありました。それらの作られた背景を探ってみると、当時の女性たちの幸福観や生き方を垣間見ることができます。

　女性たちにとって、針仕事は日々の務め。それは庶民だけでなく、両班《ヤンバン》と呼ばれる貴族階級の女性にとっても等しく与えられた役割でした。両班の女の子は七歳になると、母親と一緒に閨房《キュバン》と呼ばれる部屋で過ごすことを余儀なくされ、一日の大半をその部屋で針仕事をして過ごしていたそうです。朝鮮時代は儒教的な考え方が基本にあり、女性の社会的活動は認められていなかったのが理由です。こうした背景から、女性の手仕事は閨房工芸と呼ばれるようになりました。この工芸のほとんどは、家族や自分自身の衣類、そして日常の装いや暮らしに欠かせない布小物が中心です。

　閨房で行われる娘たちの針仕事の手習いは、チュモニと呼ばれる袋物や、チョガッポと呼ばれるパッチワーク作りからスタートしました。チュモニやチョガッポには、

朝鮮時代の女性たちの装いに欠かせない装身具。左：クィチュモニ。チマの紐にとおし、胸に提げて使う外出時のポーチ。中：手作りのノリゲは自ら刺繍を施した庶民のもの。右：銀細工の三作（サムジャク）ノリゲは両班のもので、特別な行事用でした。ボナ博物館蔵。

韓服《ハンボク》を作るための裁縫の技術が集約されていて、これを作ることは針仕事の上達に欠かせないものとされています。最終的に韓服を美しく仕上げることができれば女性として一人前、韓服作りは彼女たちの目標であったのです。いわば、これは花嫁修業。娘たちは嫁ぐ日を夢見ながら日々針仕事の上達に勤しみ、結婚してからは家族の幸せを願い、その一針一針に思いを込めていたのです。

また、女性たちの幸福への願いは、色や模様に見ることができます。韓国には中国から伝わった陰陽五行説の考え方があり、赤、青、黄、白、黒の五色を基本にした色づかいが多く見られます。そして、工芸全般に多用される模様の代表が十長生《シップチャンセン》と呼ばれるもの。太陽、

朝鮮時代のトルオッと呼ばれる子ども用の上着。現在も、1歳の誕生日を祝う儀式トルジャンチで着用します。

現在では、1人となってしまった伝統的唐鞋（タンへ、靴）職人、ファン・ヘボンさんの作品。すべて手作業で作られます。

水、松、鶴、亀、鹿、不老草を基本とし、それに山、雲、月、岩、竹の中からいずれか三つをくわえた十種類を指していて、不老長寿を象徴する模様であると言われています。この他にも自然界から得たモチーフを模様にすることは多く、牡丹や桃、コウモリや蝶などが代表的です。こうした模様にも子宝に恵まれるなど、縁起物としての意味があり、女性用の布小物や装身具に多く見られます。

朝鮮時代の針仕事から感じられるのは、女性たちのいじらしく健気な姿。自立が許されなかった彼女たちの、精一杯の幸福への願いが込められているのだと思います。

주머니 ❀袋物

チュモニ

物を大切に包む心が育んだ手工芸

伝統的な意匠を再現したクィチュモニ（左）とトゥルチュモニ（右）。陰陽五行説に沿った赤と青の布をベースに、縁起のいい牡丹の花や、キロギ（鳥）などがふんだんに刺繍されています。

右：めがねケースとして作られたチュモニ。閨房工芸コレクター、ホ・ドンファさんのコレクション。左：たくさんの飾りがついた珍しいチュモニ。ボナ博物館館長、キム・ミョンヒさんのコレクション。どちらも朝鮮時代のもので、手の込んだ刺繍がとても美しい。

チュモニとは布製の袋物全般を指し、いわゆるバッグとしての役割のものと、大切なものをしまうケースの二通りに用途が分かれます。バッグとして作られるチュモニには二種類の形があり、丸い形のトゥルチュモニと、縦長で下部に耳のような膨らみのあるタイプのクィチュモニがあります。どちらも朝鮮時代、女性が外出時に必需品を入れていたもの。一方、ケースとしてのチュモニで代表的なのは、ヤク（薬）チュモニ、スジョ（匙と箸）チュモニ、ポソン（足袋）チュモニなどが挙げられます。

　こうしたチュモニが作られだしたのは朝鮮時代中期。現在のチマチョゴリのスタイルが確立されたのもこの時期で、バッグとしてのチュモニはチマの紐に通して胸に提げることで装身具としての役割も果たしていたようです。そして、ケースとしてのチュモニがたくさん存在する背景には、当時の人々の物をむきだしにしない習慣が見て取れます。それは物を大切にする心が育んだ、この国独特の文化といえるでしょう。

　いずれのチュモニも女性たちが自ら手作りし、美しい刺繍を施しています。模様には、長寿を象徴する十長生や女性らしい花や蝶などが多く、富や福などの縁起のいい文字があしらわれているものもあります。模様の意匠は作者のオリジナルではなく、パターン集のようなものを参考にしていたと考えられていて、それを裏づけるように、骨董品のチュモニには似た模様がよく見られます。しかし、何かを参考にしていたとしても、その緻密な針仕事に心を奪われる輝きがあるのは確かなこと。そこには、当時の女性たちの自己表現があったのではないでしょうか。厳しい規則や慣習が女性たちを束縛していた時代。針仕事だけが、自分を解き放つ手段であったと思われるのです。

　辛抱強く、そして家族を愛し支えた女性たちの針仕事には、単なる手芸という範疇に留まらない情熱を感じ取ることができます。

印鑑を入れるための小さなチュモニ。
現代用に用途をアレンジ。

朝鮮時代、庶民が普段使っていたと
思われるシンプルな一品。

現在はお土産品として、こんな豪華
なチュモニが人気を集めています。

ノリゲ同様、スㇽと呼ばれる房があ
しらわれ、装飾性を高めています。

嫁入り道具を入れる箱には、小さな
5色のチュモニが入れられます。

スジョチュモニと呼ばれる、スジョ
（匙と箸）を入れる専用のケース。

現在も販売されているめがねケース。
厚紙が芯になっていて丈夫。

上：いかにも手作りらしい、ほのぼ
のとした朝鮮時代のクィチュモニ。

右：クィチュモニは、ノリゲの代わ
りに装身具の役目も兼ねていました。

上：朝鮮時代に薬を携帯するために作られたチュモニを再現したもの。
左：「雲峴宮（ウニョングン）伝統文化教室」の講師、チョ・ジョンアさんが作る伝統的な裁縫技術を駆使したチュモニの数々。

スジョチュモニは韓国の骨董品店でも多く目にするもののひとつ。

韓国らしいセットン（縞模様）の布も可愛らしい。朝鮮時代のもの。

陰陽五行の5色を使い、十長生を刺繍し、スルを飾った最も伝統的意匠。個人蔵。

嫁入り道具の箱に入れる、縁起のいい文字が刺繍された小さなチュモニ。個人蔵。

耳のような部分（クィと呼ぶ）を別布で二重仕上げにしたもの。

この形が最も基本的なトゥルチュモニ。メドゥップという結び紐も豪華。個人蔵。

個人蔵と記した品は、キョンウォン大学講師クォン・ヘジンさんの私物。

버선과 당혜 ❀足袋と靴

ポソンとタンへ

チマチョゴリから覗く、細く華奢な足もと

チマチョゴリには、ポソンと呼ばれる足袋と唐鞋《タンヘ》（現在はコッシンとも呼ぶ）と呼ばれる専用の靴を合わせます。ポソンは朝鮮時代後期までは手作りで、だれもが自分専用のポソンの型紙を持ち、それを大切に保管するためのチュモニまで作られていました。現在ポソンは、韓服を仕立てる職人が製作しています。一方唐鞋は専門の職人により手作りされてきましたが、現在では、本格的な革製の唐鞋を作る職人は韓国内にたった一人となり、工場生産のゴム製のコッシンが大半を占めています。

　ルーズにゆったりとして見える、可愛らしいポソンの形ですが、履いてみると締めつけられる感じがします。実は、そこに大切な役割が秘められているのです。昔から韓国には「きゅうりの種のような足」という、美しい足を喩える言葉があり、幅のない細い足が美人の条件とされてきました。ポソンや唐鞋は、そうした足になるためのフォルムが追求されているのです。足幅をキュッと引き締めるようなタイトな作りになっており、女性たちは、ポソンや唐鞋を履き続けることで幅の細い足を維持しました。ふんわりと広がるチマから少しだけ覗く、その華奢な足もとは、なんとも可憐な雰囲気を演出します。

　そしてポソンの作り方は、見た目からは想像できない複雑な縫い方をします。言葉で説明するのはとても難しいのですが、一般的な袋縫いとは違うあつらえ方をします。もっと単純であっていいように思う、その作り方の根底には、縫い目を表にひびかせないための配慮と、最小限の布で作る倹約の心が生かされています。この作り方の知恵は、ポソンだけでなく、チュモニやチョゴリにも同様に生かされている韓国独特の裁縫の技法です。

　最小限の素材で物作りをし、大切に長く愛用する。そのための工夫と知恵が朝鮮時代の品々には数多く見受けられます。そんな暮らし方が当たり前であったことに当時の人々の精神性の高さを感じます。

ポソンと唐鞋を履いた足もとは、甲がふっくらとし、キュッと引き締まった幅のない細い足に。ふんわりとしたチマとの相性も抜群。

上段左：男性用は女性用にくらべ幅はさほど狭くなく、つま先の尖りも控え目。施された柄は、テサへと呼ばれ、卍と己の字を図案化したもの。上段右：現代のゴム製コッシン。波や花の刺繍が華やか。下段左：1歳の誕生日を祝うトルジャンチでの正装用ポソン。つま先についた房飾りにリボン、そして刺繍と、母親の愛情がたっぷり注がれています。下段右：女性用のポソン。それぞれ自分の型紙に合わせて手作りするもので、現在は韓服店でオーダーします。

ヌビ

누비 ✿ 刺し子

“直線”に込められた家族への愛情

ヌビソッパジと呼ばれる、防寒用のチマチョゴリの下着。朝鮮時代のもので、裾のヌビがより細くなっているのは見えることを計算したお洒落。女性生活史博物館蔵。

研究者の中には、ヌビを裁縫の基礎練習と位置づける考え方もあるようですが、こうした遺物を見ると、熟練した人の仕事であることがうかがえます。左はアㇷ゚チマと呼ばれるエプロン。上は乳児の上掛け布団。ともに朝鮮時代のもので女性生活史博物館蔵。

世界中で見られる刺し子という技法。韓国にも、ヌビと呼ばれる直線の刺し子があります。針と糸があれば、今すぐにでも、誰にでも簡単に作れるように思われるヌビですが、そこには、見た目には伝わりづらい精神力が必要とされます。直線という単純極まりない線を、ただひたすら運針縫いで、乱れることなく布一面に刺す行為には、朝鮮半島の女性たちの忍耐強さを見る思いがします。

ヌビの起源は三国時代と考えられていて、ちょうどその頃、韓国に仏教が伝わり、僧侶たちの衣服にヌビが施されたのが始まりとされています。簡単であり、綿を入れて保温性を高めることもできる直線の刺し子は、後に王族から庶民まで、すべての階級に広まっていったようです。上着はもちろん、チマ以外のすべての衣類にヌビは用いられ、その他、寝具やチュモニ、特に乳幼児のための衣類や小物に多く見られます。

ヌビが模様を描かず、直線であることの背景には、ヌビが発達した朝鮮時代の儒教思想が影響しています。何ごとも華美であることを禁じ、質素であることを尊んだ考え方は、生活様式の全般に及びました。特に、男性の持ち物や衣服には徹底した簡素さが求められたため、最も単純な直線が好まれたものと推測できます。その一方で、女性の衣類や持ち物には、直線でないヌビも存在しました。色糸を使い幾何学模様を描くセㇰシㇽヌビや、プリーツやピンタック風に仕上げるオモㇰヌビという、お洒落のためのヌビもありました。

朝鮮時代の女性たちにとって、針仕事は大切な役割。そして家族への愛情を伝える最も身近な手段でもありました。彼女たちは、ヌビの真っ直ぐな線に、家族の健康や幸せを願ったことと思われます。繋げるという意味を持つヌビは、そうしたあたたかな思いを持ち続けることの大切さを物語っているようです。

ひと針、ひと針、願いや想いが込められた針仕事の美

ミリ単位の細かなヌビ。とても人の手による仕事とは思えない、複雑で緻密な模様の作品を生み出すキム・ユンソンさん。一日八時間、それを半年続けてひとつの作品を作ります。一方、伝統のヌビを多くの人々に伝えたいと願うキム・ヘジャさん。四十四歳のとき、韓国で最年少にして重要無形文化財の認定を受けた責任を全うするために、人生のすべてをヌビに捧げる日々。二人のヌビ作家による仕事は、いにしえの韓国女性たちの、忍耐強さと家族への深い愛情を今に伝えています。

右頁3点：キム・ユンソンさんの作品。韓紙を紙縒状にし、それを挟み込むようにしてミリ単位のヌビを施す、気の遠くなるような細かな針仕事によって生まれる小物の数々。直線ではなく、幾何学模様や花や蝶などのモチーフをヌビによって表現するために、通常の運針縫いではなく、返し縫いによって作られます。一針一針、布一面に施される様はまさに圧巻。
左頁3点：重要無形文化財であるキム・ヘジャさんの作品。伝統的な運針縫いによる直線のヌビの美しさを、最大限に生かしたトゥルマギ（コート）やチョゴリなどの作品は、単純であるからこそ純粋な美しさに溢れています。ヌビは精神文化、と語るその生き方には、僧侶のような厳格さがあり、その佇まいも含めて人々を魅了しています。

写真3点とも、すべて朝鮮時代に作られた裁縫道具。当時の女性たちにとって、裁縫は日々繰り返される仕事のひとつ。少しでも楽しく行えるように、針山や糸巻きなどの道具を華やかに可愛らしくこしらえていたのではないでしょうか。縁起のよい模様や文字を巧みにアレンジし、オリジナリティ溢れる意匠に仕上げている様は、今見てもとても新鮮でお洒落。すべて女性生活史博物館蔵。

女性たちの手が生み出す、愛情いっぱいの閨房工芸

約五百年続いた朝鮮時代、その長い歴史の中で、女性たちは多くの布工芸を生み出しました。もちろん、それらは最初から工芸として認められていたわけではありません。自分や家族のための、身のまわりの必需品作りに過ぎなかった裁縫が、今日、韓国を代表する工芸と呼ばれるようになったのは、ひとつひとつに、素晴らしい意匠や手の込んだ技法があるからです。見る者の心を摑んで離さない、その根底には、女性たちの声にならない思いや、大切な人へのひたむきな愛情が込められています。

左3点は現在作られている裁縫道具。左：指ぬき。中：糸巻き。右：針山。どれも朝鮮時代のものを参考に作られていて、鑑賞用のオブジェとしても楽しめるように意匠に工夫がされています。韓国らしい華やかな色と刺繡が素敵。仁寺洞などの伝統的工芸品を扱うショップで購入でき、外国人のお土産としても人気があります。

朝鮮時代は、閨房で毎日針仕事をして過ごすのが当時の女性たちの日課で、家族の身のまわりの布製品をすべて手作りしていました。写真はその様子を再現したものです。

모시 ✿からむしの生地

モシ

手間隙かけられた夏の極上の衣

滑らかで涼しいその肌触りは夏の衣類に最適。モシの育成から機織りまで、一貫して韓山で行われる高品質な織物は高級品としても有名です。

高温多湿なアジアの夏。でも、この時期を快適に過ごすための繊維があります。日本ではからむし、韓国ではモシ、と呼ばれているイラクサ科の繊維で、見た目や感触はクワ科の麻と似ていますが、麻とはまた違う植物から作られています。

韓国では、古来このモシが夏の衣類に使われてきました。貴族階級である両班は下着もモシで作っていたそうで、それだけ肌触りのいい繊維であることが分かります。実際、モシは麻に比べて繊維が細く、滑らかで光沢もあり、故に麻よりも高級品として扱われてきました。麻と同じように通気性がよく、吸水性に富み、速乾性にも優れているので、夏の衣類に最も適した素材であると言えます。

現在、減少してはいますが忠清南道《チュンチョンナムド》の韓山《ハンサン》でモシが生産されています。熟練の職人たちが糸を紡ぎ、織り、極上の韓山モシの反物を名産品として作り続けています。

韓山モシを素材にした夏の韓服は今も作られています。作家ものや、韓服ショップでも現代風にアレンジした衣装が展開されていて、韓国女性たちの憧れの的にもなっています。右上：現代風にアレンジしたチョゴリ。羽織りものとして私たちにも着こなせるデザイン。右下：モシ染色作家キム・クムジャさんによるトゥルマギ（コート）。左：簡略化された夏のチマチョゴリスタイル。

その製作現場では、夏であっても加湿器を稼働させながら作業が行われていました。

モシにとって乾燥は敵。極上の反物に仕上げるには、湿り気を絶やさず織り上げなければならないそうで、職人の方々は蒸し暑さの中、汗を流しながらの作業となります。

作り方の手順は、糸を紡ぐことから始まります。皮を剥いだモシを水に漬け、湿らせることで滑らかに扱いやすくし、それを片手に束ね、一本一本の繊維を歯で裂く作業をくり返して極細の繊維にします。それをチョンジと呼ばれる道具に掛け、膝の上で縒りながら一本の糸に繋げ、できあがったモシの糸を機で織り上げて完成させます。

栽培から反物になるまで一貫して人の手による仕事は、機械化が当たり前の現代にあって非生産的なものに映ります。けれど、そのできばえに心を打たれるのは、人の手でしか作ることのできない、尊いものがそこに宿っているからなのだと感じます。

イラクサ科の植物モシ。青々と茂ったモシの葉ですが、使うのは茎の部分。収穫後乾燥させてから細く裂き、手作業で繊維にします。

韓山で1000年も続くといわれているモシ作り。重要無形文化財であるパク・ヨノㇰさん（右上）は、昔ながらの製法を守って伝統のモシを作ります。糸を紡ぐことから機織りまでこなす達人技には、それ自体に凜とした美しさが宿っています。歯を使い何度も繊維を裂く作業は、唇が赤く腫れるほど過酷なもの。そうしてできたモシの糸の細さは絹糸ほど。乾燥させてはよい織物に仕上げられないため、唾液が有効に使える歯を使った作業となったのだそうです。7歳の頃から、母の仕事を見よう見まねで覚えた仕事。職人となって27年、プライドはしっかりと受け継がれています。

繊維から糸を績《う》み、織り上げ、しなやかな布が生まれる

韓国でのモシの起源は、正確にはわかっていません。しかし、古代から使われていたという説が有力で、現存する朝鮮時代の資料には、宮廷でも民間でも幅広く使われていた繊維であったことが記されているそうです。初伏《チョボク》（夏の盛り頃）にはモシの衣類への衣替えが行われ、暑い夏を涼しく過ごすために、人々に愛用され続けてきた繊維であることがわかっています。

モシの産地である韓山には、モシの歴史や製品を紹介する「韓山モシ館」があり、モシの製作現場を見学できます。

노리개
ノリゲ

❀チマチョゴリのアクセサリー

代々受け継がれる伝統的装身具

王族の女性にだけ使用を許されていた玉（宝石）がペムㇽ（飾り）になったノリゲ。写真のような、3つ連なった大三作（テサムジャㇰ）ノリゲは宮中での慶事や婚礼にのみ使われていました。ペムㇽ作家のキム・ヨンヒさんによる作品。

ペムル同様、ノリゲに重要なのはメドゥップ（結び飾り）とスル（房）からなる紐の美しさです。専門の職人によって作られる紐は、メドゥップの結び紐の技術とスルのための糸縒り技術を必要とする手の込んだもの。特にスルは、手の感覚だけを頼りに糸を縒るため、熟練の技を要します。左：メドゥップ作家シム・ヨンミさんの作品。右：ペムルはキム・ヨンヒさんによるもの。

韓国を訪れたなら、是非のぞいて欲しいのがアクセサリーショップです。単なるファッションアイテムとしての位置づけでなく、ひとつのアートや工芸として扱われていることが多い韓国の装身具。日本ではなかなか見つけることのできない、インパクトのあるデザインや、韓国独特の伝統的意匠の装身具がたくさん見つかります。

その伝統的装身具の代表といえるのがノリゲ。チマチョゴリの正装に欠かせないもので、チマの紐に通し、胸に提げるようにあしらいます。ノリゲは紐と飾りが一体となった装身具で、紐は、結び飾りの部分をメドゥップ、房をスルと呼び、玉（翡翠や珊瑚など）や銀細工の飾りをペムルと呼びます。紐と飾りにはそれぞれ専門の職人がいて、熟練の技を駆使して作られる高価なものです。ノリゲは代々受け継がれる家宝でもありました。その歴史は高麗時代に遡り、金の鈴を身につけていたのが始まりと考えられ、起源は古の時代、神との交信を司る人物がいて、彼らが金の鈴のついた道具を使っていたことが由来ではないかといわれています。現在のような形になったのは朝鮮時代中期、チョゴリの丈が短くなったことに合わせ、バランスのいいようにスルの長いスタイルになったとされています。

また、ノリゲ以外の伝統的装身具として挙げられるのが、ティッコジやピニョと呼ばれる簪、既婚女性が二重につけるカラクチと呼ぶ指輪もあります（p28〜31参照）。ノリゲ同様、これらの装身具にも玉や銀が使われています。当時、基本的に玉は王族以外に使うことが許されておらず、両班は銀細工を、庶民は刺繍をした布細工を飾りにしていました。

現在は、こうした伝統的装身具をモチーフにした様々なアクセサリーが登場しています。金工作家などの工芸家やアーティストが手がける自由な造形には、当時の女性たちを美しく際立たせた美が宿っています。

ペムルは取り外し可能なブローチに。
現在はこうしたタイプが主流。

朝鮮時代のノリゲ。七宝のペムルは
愛を象徴する蝶のモチーフ。ボナ博
物館蔵。

珊瑚に緻密な彫り模様を施したペム
ルは、キム・ヨンヒさんの仕事。

銀細工で仏陀の手をモチーフにした
珍しいペムル。朝鮮時代のもの。ボ
ナ博物館蔵。

朝鮮時代に王族の女性が普段用に使
っていたもの。琥珀のような玉が美
しい。ボナ博物館蔵。

護身用の粧刀をモチーフにした七宝
ペムルのノリゲは現代の作家のもの。

ハート型にデザインしたペムルなど、
現代風にアレンジした気軽な一品。

香料（ヒャン）が練り込まれたペム
ルで、朝鮮時代の両班女性のもの。
ボナ博物館蔵。

シム・ヨンミさんが作る長いスルが
主役のノリゲ。達人の技が生きる。

七宝のペムルは、台所道具や獅子が
モチーフになっていて個性的。

翡翠にグレーのスルが上品な現代の
ノリゲ。最も正統的なデザイン。

朝鮮時代のノリゲ。銀に七宝を施し
たペムルは針入れをモチーフに。女
性生活史博物館蔵。

칠보 ❀ 七宝
チルボ

女性たちを魅了する極彩色の輝き

私たちにもなじみ深い七宝。ガラス質の艶やかな輝きは色彩に富み、装身具に多く見られる工芸です。金、銀、銅などの金属をベースに石英の粉末をペースト状にした釉薬を塗り、約八百度で焼成して作られます。韓国でも七宝の人気は高く、特に婚礼用の装身具には無くてはならないものとなっています。七宝の歴史は古く、紀元前エジプトにはじまり、シルクロードを経て中国、韓国、そして日本にもたらされたと考えられています。極彩色の美しさは、あまねく東方の民をも魅了したのです。

　韓国に七宝が伝わったのは中国からで、三国時代でした。最も盛んに作られたのは朝鮮時代。当時伝わった七宝はポランと呼ばれ、赤、黄、紫、青緑の四色でした。女性用の装身具であるピニョ（簪）、ノリゲ、耳飾り、指輪などに施され、その模様には十長生や花などの縁起のいいモチーフが選ばれ、韓国独自の発展を遂げていきます。陰陽五行の五色とポランには共通する色が含まれることから、婚礼用の装身具など、大切な行事の装飾として好まれたことは容易に推測できます。

　日本に最初に伝えられた時期ははっきりとは分かっていませんが、十六〜十七世紀頃には、朝鮮半島から多くの陶工が日本に帰化し技術を持ち込んだのではないか、と考えられています。その理由は、陶磁器の作り方が七宝のそれと似ていることにあります。

　朝鮮時代以降、韓国では度重なる戦争などの混乱が続き七宝の技術は衰退します。逆に日本では発展を遂げ、李《イ》方子《バンジャ》（日韓併合期の李王妃）によって韓国に七宝という言葉が伝えられます。一九八三年には彼女によって「韓国七宝協会」が設立され、その後、日韓の七宝における交流はとても盛んに行われるようになりました。

　日本と韓国、双方の国で作られ愛されている七宝。同じ工芸でも表現に違いがあるのがとても興味深く、そこに多様性という豊かさを垣間見ることができます。

チョガッポ（パッチワーク）をアレンジした模様や、艶やかな蝶が美しい七宝の小物入れ。現在作られているものは、こうした小物が多い。

上4点とも、すべて七宝作家パク・ヨンジュンさんの作品。ベースである銀細工全体に七宝を施すのではなく、部分的に七宝で模様をつけるのが特徴。その手法と基本の色を中心にした色使いから素朴さが生まれ、一色の美しさを際立たせています。また、図案も十長生などの動物や植物が中心で、伝統的でありながら、どこかユーモラスな可愛らしさが魅力です。韓国では、婚礼用品として七宝を選ぶ人が多く、一生ものとして大切に使われています。

珊瑚そのもののフォルムを生かしたブローチ。天然石の花モチーフも可憐。

翡翠を素材に花を模ったブローチは、アンティークのような雰囲気があります。

左：朝鮮時代の七宝のピニョ。ピニョは既婚女性が後ろに束ねた髷に挿す儀式用の簪。七宝は、主に秋冬用の装飾として使われていたそう。女性生活史博物館蔵。上：現代風にアレンジした伝統的モチーフのリング。

指輪、ブローチ、ティッコジ、ピニョ……可憐アクセサリー尽くし

銀細工のブローチ。蝶は花と並んで韓国女性たちが最も愛するモチーフ。

天然石の花のブローチ。こうしたブローチはノリゲのペムㇽにも使われます。

金工作家が多い韓国は、彫金アクセサリーも豊富。上：天然石と組み合わせた個性的なブローチ。下：パンジと呼ばれる未婚女性のリング。

上：小ぶりなピニョ3点。普段用のもの。小花に玉をあしらったり、竹の葉など縁起のいいモチーフが施されています。右：玉を素材にしたピニョと粧刀。粧刀は、ノリゲの飾りとしてチマの紐につけました。

彫金作家として人気の高いキム・ジェヨンさんによるブローチ。

東洋の宝石、玉をそのまま指輪に加工するのが韓国風。深い緑が美しい。

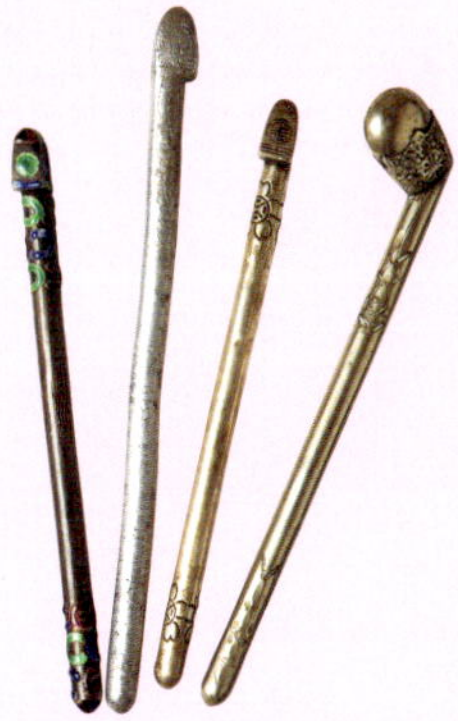

小ぶりなピニョは、シンプルですが繊細な模様が彫られていたり、さり気なく七宝が施されていたりと、当時の女性たちのお洒落心を感じさせます。

七宝コレクター、ソン・ギョンジャさんのコレクション。ピニョ、カラックチ、ベストの留め具など、七宝アクセサリーは祝い事に欠かせません。

竹の葉に蝶、玉に施された銀細工の繊細さが、伝統美を際立たせます。

花と花瓶を、象牙と玉を組み合わせて表現したとても贅沢なブローチ。

小ぶりの簪をティッコジと呼びます。3色セットで髷髪を彩ります。

ティッコジには蝶、鳥、花のモチーフが多く夫婦円満、子孫繁栄の象徴。

左右セットになった朝鮮時代のピニョ。宮中や両班女性のもの。ボナ博物館蔵。

伝統と作家性を兼ね備える韓国の装身具。このブローチもそのひとつ。

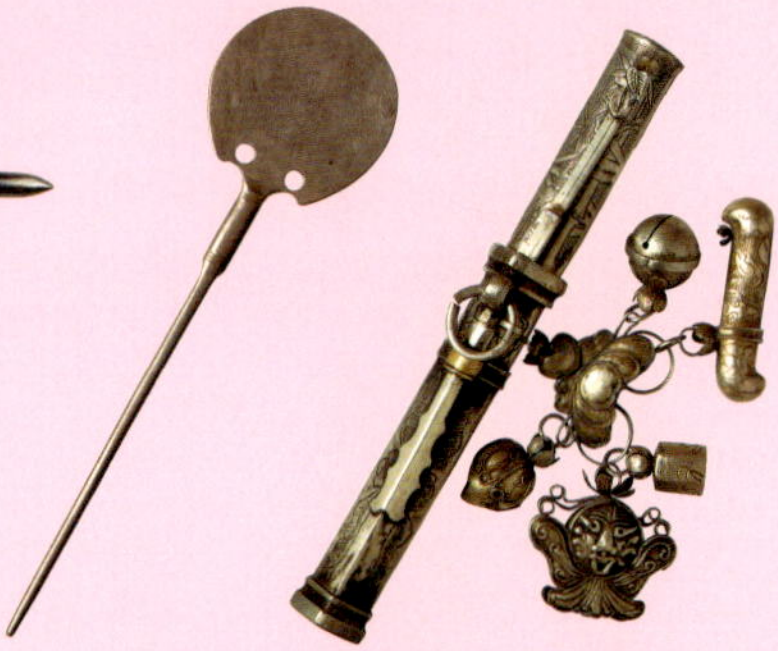

左上：花冠と書いてファグァンと呼びます。婚礼用の冠で、ファルオッと呼ぶ婚礼衣装とともに着用。右上：どちらも3本がワンセットになったティッコジ。後ろに束ねた髪を髷に結い、その髷の上に挿した簪で、髷の横から挿すピニョと組み合わせて使われました。左下：鳳凰がモチーフになった七宝のピニョ。龍をモチーフに金を施したピニョは朝鮮時代の王宮のもの。ボナ博物館蔵。右下：左はピッチゲと呼ばれる髪の分け目を整える道具、右は銀の粧刀。女性生活史博物館蔵。

韓国女性たちの伝統的装身具は、その多くが朝鮮時代に開花しました。宮中や両班の女性は、華美であることを禁じた儒教思想の中にあっても、お洒落を競っていたことが、こうした装身具を見ていると伝わってきます。朝鮮時代の中期には、大きく派手になりすぎた髪型の禁止令まであリましたが、小さくまとめた髪を美しく見せるピニョやティッコジが発達し、制限の中から新たなスタイルも確立します。女性たちのお洒落に対する心は今も昔も変わらないようです。

左上：トルジャムと呼ばれる簪の一種。朝鮮時代に、宮中の儀式に参列する際用いられた装身具。オヨモリという三つ編みを太く編み、頭に巻きつける特別な髪型の左右と中央に挿す簪。個人蔵。右上：玉を贅沢に使ったペムルとカラクチは、玉職人オム・イクピョンさんの作品。左下：ノリゲのペムルを製作したのもオム・イクピョンさん。玉は東洋の宝石として、韓国では今も家宝とされます。右下：七宝のペムル。七宝作家パク・ヨンジュンさんによる作品。

無形文化財である父の後を継ぎ、サラリーマンから一転、金箔職人となったキム・キホさんが手がけた金箔の韓服。豪華でも落ち着きがあります。

금박 金箔
クムバク
王の衣装にほどこされた特別な輝き

金箔といえば、日本では屛風や襖などの建具類、そして漆器の装飾などに多く見かけますが、韓国では韓服やポジャギと呼ばれる風呂敷など、布物にあしらわれるのが一般的です。華やかで目立つその装飾は、日常的なものではなく、結婚式など、祝い用の晴れ着として着用する衣服や小物に用いられ、豪華な雰囲気を醸しだす独特の意匠が特徴です。

　金という特別な輝きを放つ素材は、元々、王の衣装の装飾として使われていました。金箔の起源については、三国時代とも統一新羅時代ともいわれていますが、現存する資料のうち統一新羅時代のものに、クムニという金粉で絵を描く技法があり、これが基になっていると考えられています。また、金で描く文化は仏教と共に伝わったとも推測され、藍染めの布に金で経典を書いた、高麗時代の資料もあるそうです。

クンテンギと呼ばれる女性の婚礼衣装の一部。ファグァンを被った頭の後ろから、背中に垂らすように装着します。帯状の布には、一面に金箔で吉祥模様が施され、華やかに花嫁を飾ります。クンテンギは、アプテンギと呼ばれる肩から胸に垂れるものと一対で使われます。女性生活史博物館蔵。

　金箔は、板に模様を彫った版木に糊を塗り、布に押し、その上に金箔をのせ、糊の付着した部分に金を定着させて完成させます。版木を使う金箔のスタイルになったのは朝鮮時代後期で、版木に彫る模様には、身分を示すモチーフが使われました。龍や鳳凰は、王や王の母にのみ許されていた模様です。

　特に、この時代は儒教思想から質素であることが重んじられていたので、華やかな金を使うことは、特権階級を強く示す印でもありました。また、一部の両班には王から金箔の施された贈答品が贈られ、それは王に認められた証として、特別な存在であることをアピールできる、いわばステイタスシンボルであったようです。

　現在、金箔の人気は衰退気味で、韓服などに用いられることは少なくなっていると聞きます。人々の嗜好に変化があるのは当然ですが、せっかくの特有の文化、末永く残ることを願わずにいられません。

上4点はすべて金箔職人キム・キホさんによる作品。模様に使われているモチーフは、伝統的な十長生や吉祥模様。版木は、キホさんの家に代々受け継がれてきたものもありますが、新たに作る版木もあり、韓国伝統の模様を踏襲することを大切にしています。左上：チュモニも伝統を踏まえた意匠にこだわります。陰陽五行の色に金色が映えます。右上：朝鮮時代、大切な書巻には、金箔を施した栞が使われていたそう。左下：1歳の誕生日を祝うトルジャンチで着用する帽子。後ろにテンギが提げられています。右下：こちらもトルジャンチ用のベスト。縁起のいい文字や模様が愛らしく施されています。

上4点はオリジナルとして製作したもの。東大門（トンデムン）には簡略化した金箔を施す工房があり、好きなものを持ちこんで、自分だけの金箔製品を作ることもできます。製作にかかる時間は1日から2日。シールタイプになった金箔のモチーフは、数十種類あるのでいくつか組み合わせてみるのも素敵。左上：韓紙店で見つけた団扇に、蓮の花のワンポイント。右上：これも韓紙店で購入した芳名帳のようなノートに個性的なアクセントを。左下：チョガッポのテーブルセンターの両端に3種の金箔模様を組み合わせました。右下：シンプルな白のチョガッポを金箔の花で縁取ってみました。

혼례장식 ✿婚礼装飾

ホㇽレジャンシㇰ

韓国独特の美が凝縮された花嫁衣装

色鮮やかな花嫁衣装。現在はペベㇰで着用され、胸の前で合わせた腕を上下に動かし、新郎の両親へ挨拶をします。豪華な刺繍に溜め息がもれます。

現在、韓国の結婚式は日本と同様、洋装で挙げる人が多いようです。しかし、日本にはないペベㇰと呼ばれる結婚の儀式だけは、伝統的な正装で行うことが決まりです。ペベㇰとは、花嫁が嫁ぎ先の家族となるための祝いの儀式。結婚式の終了後、新郎新婦が新郎の家族や親族に挨拶をする席が設けられます。この場に新婦の家族は同席しません。これは、新婦が新郎の家の人になったことを表しています。

このペベㇰで着用する衣装は、高麗時代からの正装が基になっていて、結婚はもちろん、宮中で行われる礼儀を重んじる儀式全般で着用されていたものです。朝鮮時代に入ると、庶民にも結婚式の時だけ、その正装を着用することが許されたのだとか。とはいえ、庶民は宮中と同じような高価な素材を使えるわけではなかったので、金や玉の代わりに、動物の骨や竹を素材にし、布に刺繍した装飾品をあしらって正装用の装いとしたようです。

花嫁を飾る装身具の数々。
左上：80年ほど前に使われていたファグァン(冠)。庶民のものなので、玉や金銀の代わりにセルロイドが装飾として用いられています。このカラフルさは何とも愛らしい。ボナ博物館蔵。
右上：チョㇰトゥリと呼ばれる冠。ファグァンにくらべて控え目な装飾から、儒教の教えに従い、朝鮮時代中期に宮中で使われるようになりました。
左下：カラㇰチは、結婚指輪として同じものを二重につけます。珊瑚や天然石、銀を素材にしたものが多いようです。
右下：北朝鮮のケソン（開城）のテンギ（髪飾り）。房になった先端が珍しいものです。ボナ博物館蔵。

現在のペベㇰでは、当時の宮中と同じように高価な素材を使用して花嫁を美しく輝かせています。その衣装や装身具には、韓国独特の美が凝縮されていると感じます。

花嫁は、ファルオッと呼ばれるガウンのような上着をチマチョゴリの上に羽織り、頭にはファグァンと呼ばれる冠を被り、髪はピニョで後ろに束ねられ、そのピニョにはテンギと呼ばれる帯状の長い髪飾りが提げられます。色づかいは陰陽五行の五色が用いられ、ファルオッやテンギには、十長生などの縁起のいいモチーフがふんだんに刺繍されています。そしてファグァンやピニョ、結婚指輪であるカラㇰチなどの装身具には、金や銀に、玉や七宝があしらわれて、とても華やかです。

今も昔も、女性たちが結婚に抱く願いは一緒。幸せな結婚生活を夢見ながらも、不安になることもある花嫁を勇気づけるために、婚礼衣装はかくも豪華で美しいものなのかも知れません。

ソウルの南方150kmほどに位置する公州市にある武寧（ムリョン）王陵。第25代百済王である武寧王と王妃の古墳は石室になっており、奇跡的に盗掘に遭うことなく損傷のない状態で発見され、多くの歴史的遺物が出土。百済文化の水準の高さが明らかにされました。

扶余・公州
百済王国の栄華をしのぶ古都へ

左：公州の東鶴寺（トンハㇰサ）。統一新羅時代（676〜935）に創建された尼僧のための仏教寺で、極彩色の美しさは韓国の仏教建築の大きな特徴。
右：公州市内を見渡せる公山城（コンサンソン）。百済時代に土城であったのを、朝鮮時代に石城へ改築。様々な時代の遺跡が散存している貴重な場所です。

公州市の南、扶余郡にある定林寺址（ジョンニムサジ）に建つ国宝五重塔は、堂々たる佇まいに軽快さを感じさせるフォルム。約1400年前の百済仏教文化を今に伝える貴重な資料で、初層の四面には、唐の蘇定方によって百済が滅亡させられたことが記されています。

国宝の金製冠飾（上）と金製耳飾（右上）は、共に武寧王陵から発掘された王と王妃の装身具。当時の金工技術の水準が驚くべき高さであったことは、こうした装飾品によって証明されます。植物をモチーフにしたデザインの美しさも、百済人の並々ならぬ美意識を伝えています。

三国時代に、高句麗《コグリョ》、新羅《シルラ》と共に朝鮮半島を分けていた百済《ペクチェ》。その百済は三つの時代に分かれ、公州《コンジュ》は熊津《ウンジン》時代（四七五～五三八）、扶余《プヨ》は泗沘《サビ》時代（五三八～六六〇）に都だった場所です。

この二つの土地には、今も百済王朝の面影を残す様々な断片があり、そこから垣間見える百済人の文化は、他の二国より水準が高く、美意識に長けていたことを伝えています。また、当時の日本、倭との交流も密接で、唐と新羅の連合軍との最後の戦いでは、倭からの援軍もあり、多くの百済人が倭に亡命したとされています。

食

韓国の人たちは、たくさんの人と食卓を囲むことをとても大切にしています。取材で訪ねるお宅でも、よく「ごはんを食べていって下さい」というお誘いを受けます。最初は社交辞令だと思っていたのですが、本当に用意してくれていて、それもテーブルいっぱいに、食べきれない品数の料理が並べられます。

韓国の人たちは、おしゃべりも大好き。無口な人にはあまりお目にかかりません。だから、街で見かける食堂はとても賑やか。大勢でひとつのテーブルを囲み食事をするのは、日常の当たり前の風景です。

その食事の定番は、チゲ（鍋もの）とご飯、そしてキムチに数種類のナムルなどの小皿が基本。日によって肉や魚などの料理も加わります。現在の日本では、三食和食を食べる人は少なくなりつつありますが、韓国では老若男女を問わず、三食をいわゆる韓定食と呼ばれる前述のメニューにする人が多いのです。家で食べる料理の定番であり、お客様もそのメニューでもてなし、食堂でも食べます。もちろん、チゲの具やナムルの種類は変わりますが、この定番メニューは不動です。

なかでもチゲは欠かせない料理。一人でひとつのチゲ、というより、ひとつのチゲをみんなで食べることが断然多く、スッカラクと呼ばれる匙を使って分け合います。日本でいう「同じ釜の飯を食う」と同じ意味合いが、チゲを分け合うことに宿っているのです。

その分かち合い精神の象徴となっているのがスッカラク。韓国の

上：陶磁器で作られた餅型。宮中で使われていたタシクパンと呼ばれるもの。右：端正なフォルムのユギ（真鍮）の薬罐。ユギ製品は仏教寺で使われることが多く、種類も形も伝統的なものばかり。

人々にとって、単なる食事の道具とは言えない存在です。ひとつの料理を分け合うことは、精神的な結びつきを深め、仲間になり助け合うことを意味します。今でもその心は生きていて、個人主義ではなく、共同体としての考え方がとても大切にされています。

　韓国では、チョッカラクと呼ばれる箸や、スッカラク、それに器の多くが金属を素材に作られているのも、食卓の特徴と言えます。高麗時代の青磁、朝鮮時代の白磁と、朝鮮半島の陶磁器の歴史は古く、卓越した技術がありましたが、ここ百年ほどの期間に於いては、その歴史は小休止状態であったことは否めません。

　戦争や政治的混乱など、度重なる動乱が理由で、人々の暮らしが不安定であったことは周知の事実。

朝鮮時代の宮廷料理を提供する店もソウルにはたくさんあります。医食同源を基本とした料理は、本来薄味で辛くはなかったといわれ、品数が多いのも宮廷料理の名残です。

上：韓国伝統の貯蔵用の甕、オンギ。この土の風合いを生かした器が今注目を集めています。左：銀製のスジョ（匙と箸）など、トラディショナルなアイテムとこうした器とのコーディネートは新鮮。

生活道具である器も、そうした状況のなかでは丈夫であることが最優先されました。陶磁器にくらべ金属は堅牢であることから、金属製の器がたくさん作られるようになったのです。また、朝鮮時代まで、王族の食事で毒見のために金属の器が使われていた名残でもあると言われています。今では金属の器が定番となり、韓定食はこの器でなくては味が落ちる、と感じる人も多いようです。

　食文化に強い思い入れがある韓国。ライフスタイルが変化しても、こと食に関してはとても保守的。そして豊かになった今、再び陶磁器に注目が集まっています。どんな新しい陶磁器が生まれるのか、これからがとても楽しみです。

소반 ❀お膳

ソバン

軽くてコンパクト、デザインも多彩

羅州（ナジュ）のソバン職人、キム・チュンシクさんの作ったソバンは、竹を模した脚と幾何学的な装飾が美しい。釘を使わず1ミリの誤差もない仕事。

上：木工作家によるソバン風のローテーブルは、現代の暮らしに合わせ、伝統の意匠を巧みにアレンジしたもの。下：こちらも現代風にアレンジしたソバン。基になっているのはトルジャンチ（1歳の誕生祝い）で使用される専用ソバン。

上下ともに、キム・チュンシクさんの作品。上はタグァバンと呼ばれるソバンで、お茶やお菓子専用のもの。下は四角いソバンと組み合わせて使う晩酌用のソバン。用途によって使うソバンが分かれていたことに奥深さを感じます。

朝鮮時代後期には、庶民でも虎足が許されたそう。この骨董のソバンは、荒削りな素朴さから、その当時の庶民のものと推測できます。

2枚の板を脚にした、北朝鮮のヘジュ（海州）バンと呼ばれるソバン。朝鮮時代のもので、素朴な透かし彫り模様が可愛らしい印象を与えています。

朝鮮時代のナジュバン。厚い天板や力強い脚のフォルムに凝った意匠が見られ、シンプルなものが多いナジュバンの中では珍しいタイプ。

小盤《ソバン》と呼ばれるお膳があります。料理を運ぶトレーであり、そのまま食卓として使われた一人用のお膳です。現在は、こうした本来の用途で使われることはほとんどありませんが、天板の幅が二十～六十センチといろいろ揃い、また、デザインも豊富なことから、インテリアアイテムとして人気があるようです。

ソバンの起源はシルクロードの遊牧民が使っていた道具のひとつであったと考えられていて、移動に便利なコンパクトさと、組み立て式である特色が求められた理由だとされています。朝鮮半島での歴史は、はっきりとしていませんが、三国時代の高句麗の壁画にソバンを持つ女性の姿が描かれていて、それが現存するソバンの最古の資料だということです。

ソバンが最も発展したのは朝鮮時代に入ってからで、作られる地方によって形に特色があり、その特徴別に、産地の地名で呼ばれました。有名なのは、羅州《ナジュ》で作られるナジュバンで、四角の天板に四本脚と、十二角の天板に四本脚のソバン

庶民が使った狗足のソバン。お膳という、道具としての用途に忠実な簡素なつくりには、両班の精緻なソバンに負けない美しさがあります。朝鮮時代のもの。

脚部に板を連ねたソバンをパルガクソバンと呼び、子どものトルジャンチ専用として使用。専用のソバンがあることからも、トルジャンチが大事な行事であることがわかります。

パルガクソバンの一種の珍しいソバン。漆塗りされていることから、朝鮮時代に仏教寺で使われていたと推測。どことなくエスニックな雰囲気。

朝鮮時代のチュンジュバン。庶民のソバンを表す狗足の意匠にも、ときには両班のものと見紛うような繊細さを表現。それが朝鮮時代の意匠の素晴らしさです。

を指します。また、忠州《チュンジュ》で作るチュンジュバンは、円形の天板に四本脚というように、その地方独特の決まった形が存在します。また、どの地方のものであっても軽く、天板は人の肩幅より小さいサイズがほとんどで、最大でも六十センチであることが共通した特徴です。韓屋《ハノク》（韓国の伝統的住宅）の出入り口の幅が約六十センチなので、それより大きなものは作られなかったようです。

そして、階級によっても足の部分のデザインに決まりがあり、外に跳ねたホジョク（虎足）は両班、内に曲がったクジョク（狗足）は庶民と区別されていました。天板の大きさも両班は大きく、庶民は小さなもので、その違いはおかずの数の差にありました。ご飯、汁物、三菜が基本で、身分が高くなるほど五菜、七菜と増えていったのだとか。おかずの数が奇数であったのは、陰陽五行説に基づいた決まりです。食事にまで徹底した理念を貫いていた、当時の暮らしの厳格さが伝わってきます。

スッカラク

숟가락 ✿ 匙

混ぜる。分け合う。重宝な一本

細く華奢な柄に、まあるく平たい受け部分、それがスッカラクの基本。
形に大きな違いはありませんが、細部に施す模様には、それぞれ凝った伝統的意匠が見られます。

スッカラㇰという匙《さじ》は、単なる食事のための道具ではありません。少し大袈裟にいえば、韓国の人々の心を象徴するものなのです。

韓国の食事は、ビビンパプに代表されるように、器の中でさまざまな食材や調味料を混ぜ合わせて完成する料理が少なくありません。よく耳にするのが「混ぜることで愛情を注いでいる」という話。実際、韓国のオモニ（お母さん）たちは、子どもたちのビビンパプを丁寧に混ぜ合わせています。ときには、不慣れな私のような外国人の器も取りあげて、せっせと混ぜてくれることも。このとき使われるのがスッカラㇰです。スッカラㇰ一本で器用に混ぜる。オモニが混ぜてくれたビビンパプの味は、格段に美味しくなっています。

そして食事の定番として欠かせないチゲを食べるときも、ひとつの鍋からみんなで分け合いいただきます。一人占めせずみんなで食べる、それが大切。そこで使うのもスッカラㇰ。

スッカラㇰがあれば事足りる、この気軽さと、分かち合いのスタイルが韓国の食事の魅力でもあります。

青銅で作られた昔のスッカラㇰ見本。細く華奢な柄は、ずっと変わらず受け継がれていることがよくわかります。キム・ウチャン氏蔵。

これほどスッカラㇰが発達した背景には、韓国の食事マナーも関係があるようです。器を持って食べることは行儀が悪いとされているため、器を持たずとも食べやすいスッカラㇰが重宝なのです。

スッカラㇰの起源は定かではありませんが、遡れば紀元前、動物の骨で作った匙が北朝鮮から出土しているそうで、現在のようなスッカラㇰとしては、三国時代の王の墓から青銅製のスジョ（匙と箸のセット）が発掘されています。高麗時代にはデザイン化が進み、S字にカーブしたフォルムや柄の先を燕の尾に模した装飾なども見られるようになりました。そして朝鮮時代に入ると真鍮製が登場し、後期には銀製も登場します。現在はステンレス製も加わり、スッカラㇰのバリエーションは豊富です。

僅かにカーブした柄のフォルム。ちょっとしたディテールに工夫を施しているモダンなスッカラㇰは、現代金工作家による作品。

奥は、高麗時代の骨董のスッカラㇰ。大きくカーブした柄はこの時代特有の意匠。手前は現代の真鍮スッカラㇰ。とてもシンプル。

贈答用に選ばれることも多い銀製のスッカラㇰ。作家作品も多く、韓国の美がこの小さな道具に凝縮されているともいえます。

小さなスッカラㇰは、使い勝手よりも卓上のオブジェとしてデザイン性を重視したもの。伝統的なモチーフを現代的にアレンジしています。

금속식기 ❀金属食器

クムソク シッキ

銀器も真鍮製品も美しい食文化

金工作家オム・ギスンさんによる茶器セット。銀を打ち出して作る手間のかかった仕事です。アクセントについているつまみは、キロギという鳥。

スッカラㇰ同様、金属を素材に作られている食器の類はほかにもあります。チョッカラㇰと呼ばれる箸はもちろん、ご飯を入れる蓋つきの器は、大概がステンレス製のもの。日本人の感覚では、こうした箸や器はなかなか馴染みにくかったりもするのですが……。でも、韓国の人々にとっては、これでなくてはしっくりこない食卓の定番なのです。

さて、金属の器の起源ですが、それは遥か昔に遡り、青銅器時代（紀元前一〇〇〇年頃）がそのルーツと考えられています。モンゴルから伝わったオルドス青銅で作られた、シャーマンのための鈴や、部族の長が使う刀や鏡が金属製品のはじまりとされていて、その後朝鮮半島独自の発展をしました。しかし、この頃作られていたのは、みな権力を象徴するためのもので、生活道具としての農具や食器が作られ始めたのは三国時代になってからのことです。この時代には青銅だけでなく、金、銀、銅も使われるようになり、さらに統一新羅時代には、仏教のための道具も金属で作られ、生活道具としての金属製品は大きな発展を遂げます。高麗時代には、それまで王族だけに使用されていた金属製品が両班にも普及し、金属製生活道具を作る職人も登場するなど、デザインのバリエーションも豊富になっていたようです。そして朝鮮時代には、十長生などの縁起のよいモチーフが多用され、現代の意匠の基本になりました。

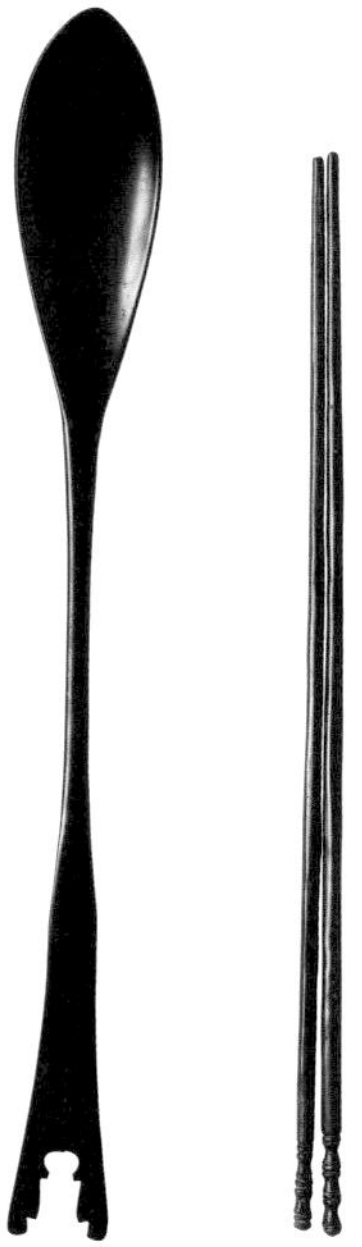

高麗時代に作られた青銅製のスジョ。燕の尾を模った柄のデザインは、この時代のスッカラㇰの代表的なもの。身分の高い人物が使っていました。

現在の金属食器は、前述した量産される一般的なスジョ（匙と箸）やステンレス製の器のほかに、作家による工芸品としての銀製品や、ユギと呼ばれる伝統的な真鍮製品などがあります。ユギ製品は、伝統的な意匠を守ったものなので、伝統食を供するレストランなどでよく使われています。どちらも一般的ではありませんが、韓国の食文化を彩る美しいものたちです。

高麗時代の青銅の器。掌にしっくりと収まる小ぶりのサイズ。なだらかな曲線は、韓国の線の美をよく表しています。王族や両班が使ったもの。

金工作家のオム・ギスンさんが手がけた金属食器の数々。ドイツ留学を経て、本格的な金属工芸を作り始めたギスンさんは、ドイツで学んだ実用の美と、東洋の情緒性を併せ持った作品作りを心がけています。意匠で参考にするのは、朝鮮時代の工芸や民画だとか。金属でありながら、冷たさを感じさせないその風合いには、女性らしいあたたかな感性と韓国のいにしえの美が息づいています。ギスンさんの作品は、ソウル市内のクラフトショップなどで購入することができます。

写真で紹介しているのは、ソウル市内にある伝統食店の台所。郷愁を誘うこの風景は、一昔前まで当たり前の、韓国のどこの家庭にもあるものでした。台所や軒先にオンギ（甕）が並び、オモニが家族みんなの食事を調味料ひとつから手作りする……。そんな姿は、現在では珍しくなっています。

今、オンギの代わりに必需品となっているのはキムチの冷蔵庫。ところがキムチも手作りする人は少数となってきて、できあいのキムチが食卓に並ぶ時代。せかせか忙しい世の中で、食卓事情が変化するのは日本も韓国も同じようです。

オモニが存分に腕をふるう、使い勝手のいい台所

キムチはもちろん、コチュジャンから醬油まで手作りしている「ソルネハノクチプ」は、オモニの味が堪能できる店。
ソウル市麻浦区西橋洞395-32　TEL02-333-0862

떡살 ✿餅型

トクサル

幸せを願う餅には美しい図案を

上：人気餅菓子ショップ「チルシル」で、実際に使われているトクサル。ヨモギやカボチャなどを練り込んだ餅に菊のモチーフをあしらって。右：シンプルな模様は庶民のためのものと推測。朝鮮時代の骨董トクサル。

韓国の人々はトク（餅）が大好きです。どの家庭でも、いわゆるお茶菓子として登場するのは決まって甘い餅菓子。ケーキなどの洋菓子にくらべ、世代を問わず圧倒的な人気を誇っています。食に保守的な国民性は、この餅好きなところにも表れていると感じます。餅菓子は、日本の柏餅のように中に餡が入っているものは少なく、餅そのものにヨモギなどが練り込まれているタイプのものが主流です。街には餅菓子を販売する店がたくさんあり、屋台ではトッポギと呼ばれる炒めた餅が軽食として人気があります。

また、韓国の人々にとって餅は、人生の節目に欠かせない食べ物でもあるのです。生後百日のお祝いに始まり、一歳の誕生日を祝うトルジャンチという儀式や、結婚式、正月、チュソク（お盆のような儀式）、そして葬式と、一生をとおして大切な儀式に必ず供えられています。それほど餅は身近な食べ物であり、韓国の食文化を象徴している食品でもあるのです。

やさしい色合いが可愛らしい韓国の餅菓子。こうした美しい餅は、おもたせとして利用する人が圧倒的で、素朴な味わいは、老若男女を問わず人気。しかし、トㇰサㇽは現在一般的な道具ではないため、ほとんど販売されていません。手に入るのは朝鮮時代の骨董品で、その模様の美しさからコレクターズアイテムとしても人気が高いものです。写真のトㇰサㇽも、すべて朝鮮時代のもの。陶磁器のタシㇰパンは高価であるため、宮中でのみ使われていました。

朝鮮時代には二百近い種類の餅があったとされ、現在でも二十種類以上はあり、それが毎日店頭に並ぶという事実からも、その需要の多さはうかがえます。

餅がそれほど好まれる背景には、古くから餅には福を食べる、という意味があるからで、その餅に縁起のいい図案を施すためにトㇰサㇽと呼ばれる餅型が作られました。幸せを願う食品だからこそ、美しいものであることが求められたのでしょう。

素材に使われているのは、松や柿などの木材で、宮中ではタシㇰパンと呼ばれる磁器製の小さな菓子型も使われました。図案になっているのは、魚（よいことが起こる）、花（富）、蝶（自由）、波（永遠）、水車（一年がよく回る）などが一般的。こうした図案の基は、宮中で働いていた図案係、今でいうグラフィックデザイナーが考案していたと考えられています。また、朝鮮時代には、贈答用の餅には家紋を彫ったトㇰサㇽが使われていたそうです。

板状ではない、小さな餅型はタシㇰパンと呼ばれます。ハンドルに動物を模った意匠はとても珍しく、コレクター垂涎の品で、インテリアオブジェとしての魅力も。ソ・ヘスㇰさん蔵。

骨董品店では、今でも多くのトㇰサㇽを見かけます。どれも個性的な模様が施されていて、形や大きさもさまざま。こうしたトㇰサㇽを見ているだけで、朝鮮時代の人々がどれだけ餅を好んでいたかが伝わってきます。上のトㇰサㇽ2点は、朝鮮時代のもの。左のトㇰサㇽは、現在使用されている餅菓子店「チㇽシㇽ」のもの。

韓国で唯一のトクサル職人、キム・キュソクさんの作品。昔のトクサルを調べ、伝統の意匠を現代に蘇らせ、小さなタシクパンにも縁起の良いモチーフを施しています。

キム・キュソクさんの作品。彫刻のような造形美は、確かな職人技でしか成し得ない仕事。伝統の模様を受け継ぐために、韓国初のトクサル紋様集も手がけました。

素朴で愛らしい朝鮮時代のトクサル。当時は各家庭で餅を手作りしていたため、トクサルやタシクパンもそれぞれに保有していたと考えられます。木工職人が片手間に作っていたのではないかと思われる庶民のトクサルには、稚拙さがあり、それがかえって何とも味わい深い魅力となっています。

백자 ❀白磁 ペクチャ

純粋な白と
シンプルな造形美が命

朝鮮白磁を代表する壺、タルハンアリ。月の壺という意味を持つ白磁には、抗いがたい魅力があります。白磁陶芸家、イ・ヨンホさんの作品。

朝鮮時代に花開いた陶芸、白磁。その魅力は、現代においても人々を虜にし続ける純粋な美しさにあるとされています。その純粋さの根底には、やはり朝鮮時代の儒教思想が深く関係しているようです。質素や簡素、そして潔白さを重んじる考え方は、この時代の生活基盤のすべてに貫かれていました。それは、当時のもの作り全般にも通じる理念で、何であってもシンプルさや、奇をてらわない造形を大切にしていたことは、儒教の教えが隅々にまで行き渡っていたことを窺わせます。

朝鮮半島の人々が白衣民族とも呼ばれていた背景も同じで、余計な装飾をそぎ落とした簡素な白い衣服を好んで着用したのは、汚れのなさの象徴とされていたからで、両班をはじめ、庶民にまで浸透していたのだそうです。純粋であることを最も尊いとした思想は、白という色に表され、それが優れた白磁製作にも繋がっていると考えられています。

朝鮮時代、宮中や中央官庁で使用されていた白磁は、京畿道《キョンギド》広州《クァンジュ》にあった分院官窯という、国で運営する窯で作られていました。十七世紀頃まで、そこで作られる模様のない純白の白磁は、この国ならではの独特の美しさを持ち、洗練された造形は、当時の中国王朝にも需要があったといわれています。一方で、模様のある白磁も製作されており、象嵌白磁、鉄画白磁、辰砂白磁などが代表的です。そして、庶民はといえば、質の粗い紗器を使用していたのだそうです。けれど、質の粗い紗器であっても、どこか品格を感じさせる佇まいを持っているのが朝鮮白磁の特徴です。その根底にある、誇り高い精神性こそが、私たちを魅了するのかもしれません。

そして現在の韓国白磁は、朝鮮白磁の流れを汲む伝統的な意匠のものと、まったく新しい創作白磁との二派に分かれています。伝統の心を守り受け継ぐ尊さと、新たな美にチャレンジする尊さ、それはどちらもなくてはならないもの。一時途絶えた白磁づくりの時計は、今また力強く時を刻み始めています。

イ・ヨンホさんによるティーセット。朝鮮時代の白磁をお手本に、繰り返し模倣を続けることと、オリジナル作品を作ることを同時に手がける作家。朝鮮時代の心を学び、自らの作品に注ぎ込みます。

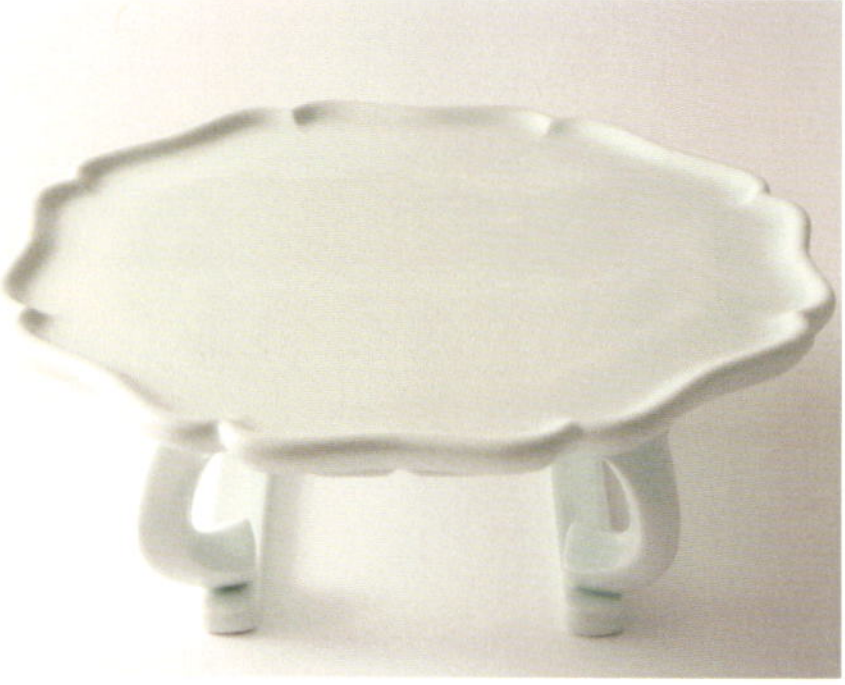

上4点はすべて明知（ミョンジ）専門大学が運営する会社「MJアート・セラミック」によるブランド「1260#」の商品。温故知新をモットーに、朝鮮白磁を模倣することからスタートする授業を経て、学生たちが生みだしたオリジナル作品の数々。今の暮らしに合った韓国の伝統を踏まえた器たちは、使い勝手の良さと美しさを兼ね備え、日本人観光客にも大人気。ビジネスとして成功させるために、作家性と実用性のバランスに最も気を配っている、というプロの集団でもあります。

伝統を受け継ぎ、現代の感性で焼き上げる……若手作家たちの活躍

ここ数年で目覚ましい発展を遂げているのが、二十代から三十代の韓国の若手陶芸家たち。二〇〇一年より二年に一度開催されている「京畿道世界陶磁ビエンナーレ」を機に、韓国の陶芸界は、今とても活気づいています。それまでは、生活陶器と芸術表現としての陶芸の間には見えない壁が存在していましたが、この行事のおかげで両者の交流が盛んになり、新たな作品が次々登場しているのです。その結果、モダンな印象の器が台頭。朝鮮白磁の伝統と、フレッシュな感性の出会いで生まれた器の一部をご紹介します。

今、注目を集める若手作家たちの代表作。それぞれに個性を持ち、作りたい世界観をきちんと表現しながら、その根底に、自国の優れた文化である朝鮮白磁の心を受け継ぐ精神性が感じられます。彼らは今、新たな韓国白磁の担い手として、花開こうとしています。左上：イ・ミンスさんは、白を際立たせる独自の青を追求。左中：ユ・セリムさんの作。作り込みすぎない簡素な美を表現。左下：パク・チョンホンさんの作品は、ハングルをラインの色と数に置換えてデザインしたユニークなもの。右上：キム・ミジャさんの作。実用性に女性らしさをプラス。右下：タルハンアリだけを作り続けるカン・ミンスさんの作品。

옹기 ❀伝統の甕

オンギ

暮らしに密着した、素朴な焼きもの

韓国の食文化を象徴するオンギ。キムチやジャン（醤油やコチュジャンなどの調味料）など韓国には発酵食品が多く、その発酵に欠かせない道具として生まれたのがオンギと呼ばれる甕です。いかにも素朴な風合いのこの焼きものは、朝鮮時代の前期には作られていたことが明らかになっていますが、研究者の中には、それ以前からあったとする人もいます。いずれにせよオンギは、韓国の人々にとって、独自の食文化を形成する要になったものとして、最も身近に感じる焼きもののようです。

　しかし、今ではキムチやジャンなどを手作りする家庭は少なくなってしまったため、オンギの需要も激減。昔は朝鮮半島のどこの地域にもオンギを焼く窯があり、その産地特有の形が存在していました。南の平野部で作られるものはまるく太った形で、中部の山間で作られるオンギは置き場所を取らない細長い形、というように、その土地に合ったオンギ作りが全土で行われていたのです。

　本来、オンギとは、黄土を素材とし、ジェムルという灰で作られた釉薬をかけた甕を指しますが、現在の韓国では、釉薬を使用しないプレドクという素焼きの甕も含まれるようです。ジェムルは、炭と水、ヤクトという肥料にもなる土を混ぜたもので、この釉薬によって、あの独特の焦げ茶色が表れます。プレドクは、通常のオンギより高温で焼成され、千三百度に達した窯に塩をふり入れ、焼締められるのが特徴です。また、竹の炭で焼くことから、生地の中にその灰がたくさん含まれ、黒みを帯びた深い灰色になります。どちらも発酵食品の製造や貯蔵に欠かせませんが、特にプレドクは竹炭効果でマイナスイオンも発生するとのこと。こうした焼きものがあればこそ、深みのある発酵食品ができるのです。

　そして近頃では、オンギの魅力が再認識され、甕だけではなく器や花器などのアイテムもたくさん登場。また、伝統の製法を忠実に守る職人のオンギ作品に注目が集まっています。

伝統的なオンギには、中に入れた食品の発酵を助けるほどよい通気性と浄化作用があり、キムチやコチュジャンなどの食品作りにはなくてはならない道具。昔のオンギに見られるポソンの絵付けや唐辛子を飾る風習（右上）は、中に入れた食品が美味しくなるように願う、一種のおまじない。数少ないオンギ職人によって、今も登り窯で丁寧に作られています（左下・右下）。

オンギ職人、イ・ヒョンべさんの食卓風景。自ら製作した器を日常でも使っています。この食事が伝統的な韓国の定番メニュー。ヘルシーで美味。

オンギ素材の器と韓国現代陶芸家の器をミックスして、テーブルコーディネートをしました。白磁の白とオンギの茶のコントラストがポイント。

お土産としても人気の小さなオンギもあります。キッチンの細々したものの整理やスパイス入れとして重宝しそう。

オンギの焦げ茶には、場を引き締めるような凜とした美しさがあります。水差しに花を生けてインテリアの中で楽しむのもおすすめです。

허벅 ✿済州島の水瓶

ホボク

この島だけに伝わる大切な水瓶

済州島に古くから伝わるホボクと器。その起源ははっきりしていませんが、現存する資料のひとつ、1490年頃書かれた詩に、ホボクを背負う女性の姿が詠われているそう。水を運ぶことが女性の仕事だった時代、ホボクはその重労働を支える身近な道具として存在していました。島の陶工たちによって作られ続けたホボクや生活の器は、現在も、その歴史を語り継ぐかのように、この島の暮らしを愛する人々によって、僅かではありますが製作されています。

韓国のリゾート地として知られる済州島《チェジュド》。しかし、手つかずの自然は、少し前まで、ここに暮らす人々にとって過酷なものでした。水道のなかった時代、生きるために不可欠な水を運ぶための道具として生まれたのがホボㇰ。済州島にだけ伝わる水瓶です。

韓国本土のオンギと同様のものと間違われることも多いホボㇰですが、そもそもオンギには運搬という目的はなく、水瓶も作られていません。また、その製造工程も異なっていて、オンギが土の塊から轆轤をひいて一から形成するのに対し、ホボㇰは、土を一定のサイズの板状にし、それをパーツとして組み合わせ、その後轆轤で形成します。この作り方は、誰が作っても同じサイズに仕上げることができることと、作業を分担してシステマチックに量産するための工夫でもあったようです。素材である黄土も、済州島の土は粒子がとても細かく、水分を多く含んでいるために、形成した後に時間をかけて乾かす必要があります。屋内の暗室で風を通さず六ヶ月から十ヶ月ほど保管しなければならないそうで、この手間がオンギとは違う特徴のひとつです。

そして興味深いのが、最盛期であった五十年ほど前までのホボㇰ職人とオンギ職人の生活の違い。本土のオンギ職人は、当時、身分の低い者が就く職業として貧しい暮らしを余儀なくされていましたが、ホボㇰ職人は、済州島の花形職業であったそうです。どちらも生活に欠かせない道具を作ることに変わりはないのですが、本土と済州島とでは、物事の基本的な考え方にも微妙な違いがあったことを窺わせる貴重な話です。

また、済州島でのホボㇰ以外の器には、特定の名称がありません。それはあまりに身近な道具であったことが理由。特に名前をつけるまでもなく、「溶かした器」と呼ばれ、暮らしの中に溶け込んでいました。しかし現在では、済州島の器全般をホボㇰと呼ぶのが一般的になっています。

オンギもそしてホボㇰも、暮らしの中から必需品として生まれた、用の美。それは、どちらにも共通した事実でしょう。

済州島で作られてきた器は上の4つのタイプが基本。右端がホボㇰで、水を運ぶための道具。軽くするために薄く作られています。その隣は酒を入れる器。栓をして保管するために首にくびれがあるのが特徴。そして左2点のうち右は、米や味噌などを貯蔵する甕。皿を蓋にするため口が立ち上がっています。左端の甕は醤油やマッコㇽリを醸造。紙を蓋にするため紐が結びやすいように、口にくびれがあります。どれも丸く愛らしいフォルム。時代とともに丸みを帯びていったのだとか。

住

現代の韓国の住まいは、圧倒的にアパートメントが多く、ソウルでは今も建設ラッシュが続いています。地盤が硬く地震が少ないので、高層の建物がひしめき合うように建ち並び、その様は大都会そのもの。けれど、ソウルの下町、北村《プクチョン》に行けば、今も懐かしい韓屋の街並みに出会うことができます。

　韓屋とは韓国独特の住居で、門を入ると小さな庭を囲むように、コの字型に部屋が並ぶのが一般的。地方によってはこの形が変わることもありますが、共通するのは四方に反り返った瓦屋根と、日本の障子と同じような扉が建具として用いられていること、そして床にはオンドルと呼ばれる床暖房が装備されていることです。アパートメントにも電気式のオンドルが必ずといっていいほど装備されていますが、従来、韓屋のオンドルはクドゥルバンと呼ばれ、昔はかまどで使われる火をそのまま利用して、床下に這わせた溝に熱風を送り、室内を暖めることに利用していました。一度しっかり暖めれば、数日は温度を持続させることができたそうです。それは、韓屋の基礎となっている黄土の厚い壁と石が保温の役目を担っているからで、今でいうエコハウスそのものの知恵が詰まっていたわけです。ちなみに、女性の部屋は台所に近く、韓屋の中で一番暖かな部屋でした。足腰を冷やしてはいけない女性の体を気遣った配置となっていたのです。

　そして韓屋の最大の特徴は、釘を使わない施工にあります。緻密

チョガッポは現在では趣味的な手芸のひとつで、手作りのチョガッポをインテリアの中で楽しむ人も多い。

な設計に基づき材木を削り、パズルを組み合わせるように建てられていて、いつでも解体して移築することが可能です。韓国人のルーツは騎馬民族であったと考えられており、移動に便利な住居は、その当時の名残であるといわれています。

　朝鮮時代、支配階級である両班の男女の部屋は制度として厳格に分けられていて、女性の部屋は閨房《キュバン》（内房《アンバン》とも呼ぶ）、男性の部屋は舎廊房《サランバン》や文房《ムンバン》と呼ばれ、衣の章で記したとおり、女性は閨房で針仕事をして過ごしたのに対し、男性は学問や書、詩、絵画など教養を高めることに勤しみました。教養があり、風雅である両班の男性はソンビと呼ばれ、当時の男性の理想的な人間像であったそうです。

上：バンダチと呼ばれる簞笥やハム（箱）、扉などに使われる金具。花や生きものなどを模っています。
右：ワンゴル工芸と呼ばれる、イグサを編んで作られたバスケット。編み込まれた柄も可愛らしい。

朝鮮時代、両班の男性は教養のひとつとして書を嗜んだため、篆刻も同時に発達。ひとつのアートとして今も人気があります。

ソンビに必要とされる概念に、「モッ」があります。この言葉は、優れた美意識やユーモア、内面的な美など、すべてに均整の取れた美を表すもので、このセンスを以って文房具類を設えることが、ソンビであることの象徴とされていました。

　韓屋には、押し入れのような収納スペースがなく、その代わりにバンダチなど箱物の家具が発達しました。そうした箱物には、螺鈿細工が施されたり、凝った意匠の金具が使われ、それは、韓国独特の工芸として今も受け継がれています。また、女性たちの針仕事として作られるチョガッポなどの布製品は、ものを包むという用途とともに、部屋を美しく彩る装飾品の役目も兼ね備えていました。

チョガッポはクッションなどにもアレンジされて登場しています。いくつか並べて低く暮らすインテリアに取り入れてみてはどうでしょう。

보자기 ✿風呂敷

ポジャギ

端切れが生む、思いがけない美しさ

日本人が最も好きな韓国の工芸といえばポジャギ。クレーやモンドリアンの絵を彷彿させる、ブロックを組み合わせるように端切れを縫ったものがチョガッポ、刺繍を施したものをスポと呼び、この二つが最も代表的なポジャギとして広く知られています。その他にも、刺し子をしたヌビポ、金箔を施したクムバクポ、そして宮中の婚礼で使用されていた、大変高価なタンチェポなどがあります。いずれも日本の風呂敷のように、ものを包む布として朝鮮時代に発達しました。ものをむき出しにしておかない文化は、奥ゆかしさと、ものを大切にする心が根底にあります。

特にここで紹介するチョガッポは、ものを大切にする精神を象徴しているポジャギといえます。朝鮮時代は、庶民も両班の女性も、針仕事を日常的に行っていたことは前述しましたが、衣類を作った余り布を集めて、ほとんどすべての女性によって作られたのがチョガッポでした。どんな小さな端切れも無駄にしない、〝もったいない〟の精神が、この布工芸を生んだきっかけであったのです。西洋のパッチワークのように、図案を基に布を裁つ作り方ではなく、あくまで端切れの有効利用であったため、布同士に脈絡のない形と色の組み合わせも多く、それがかえってハッとする思いがけない美しさに繋がることもありました。

もともとポジャギには、福を包むという意味があり、ポジャギで包むことによって幸福になる、というひとつの願い事でもあったようです。ですから、使う生地の配色に陰陽五行説の五色を配したり、表に出る縫い目を縁起が良いとされる奇数に揃えるなど、細かな心配りも随所に見られます。そして、小さな布を繋ぐことは延長することであり、それは長寿を願うことでもあったとされています。

ポジャギが一般的な家庭で作られていたのは一九六〇年代頃までといわれ、今は作家による作品として存在しています。

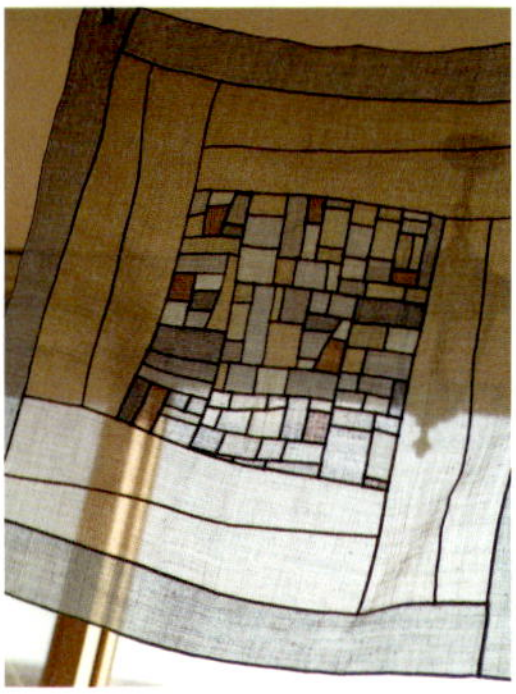

グレーのグラデーションがシックなパク・テヒョンさんのチョガッポ（下）と、モシの染色も手がけるキム・クムジャさんのチョガッポ（上）。どちらもモシ素材。透けることを計算した巧みな色合わせにセンスを感じます。現代ポジャギ作家にとって、モシは人気の高い素材です。

モシを素材にしたチョガッポは、光を透すことでステンドグラスのような美しさを放ちます。カーテン代わりに窓に提げて。

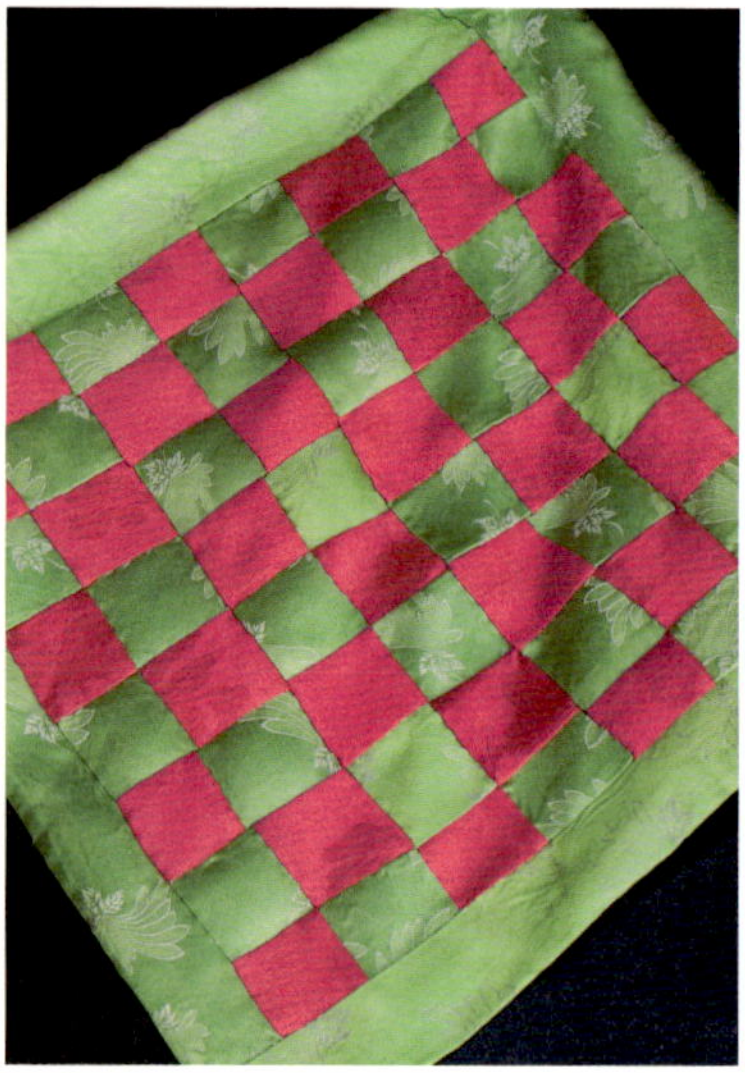

縁起のいいモチーフを連ねるチョガッポは如意珠紋褓（ヨイジュムンポ）と呼ばれています。珠のパターンを正確に揃えて縫い合わせる技術は、高度な裁縫の腕を必要とします。この頁のヨイジュムンポとストライプのチョガッポはイ・ジョンジャさんの作品。モシは透けたときの色を計算した染色が、美しさを左右します。中段左はキム・クムジャさんのチョガッポ。中段中のグリーンとピンクのチョガッポは古い時代のもの。下段は土産品として作られたもの。

中段右は、パステルカラーを得意とするチョ・ジュサンさんの作品。下段右は、麻の葉模様を刺繡したキム・ミンギョンさんのチョガッポ。その他は、すべて朝鮮時代から1960年頃までに作られた庶民のチョガッポ。あり合わせの布で作っていても、配色や端切れの裁ち方にそれぞれ工夫があり、現代作家の作品にも引けを取らない美しさを放っています。こうした古い時代のチョガッポは、近年まで価値が理解されず、捨てられていた存在でした。

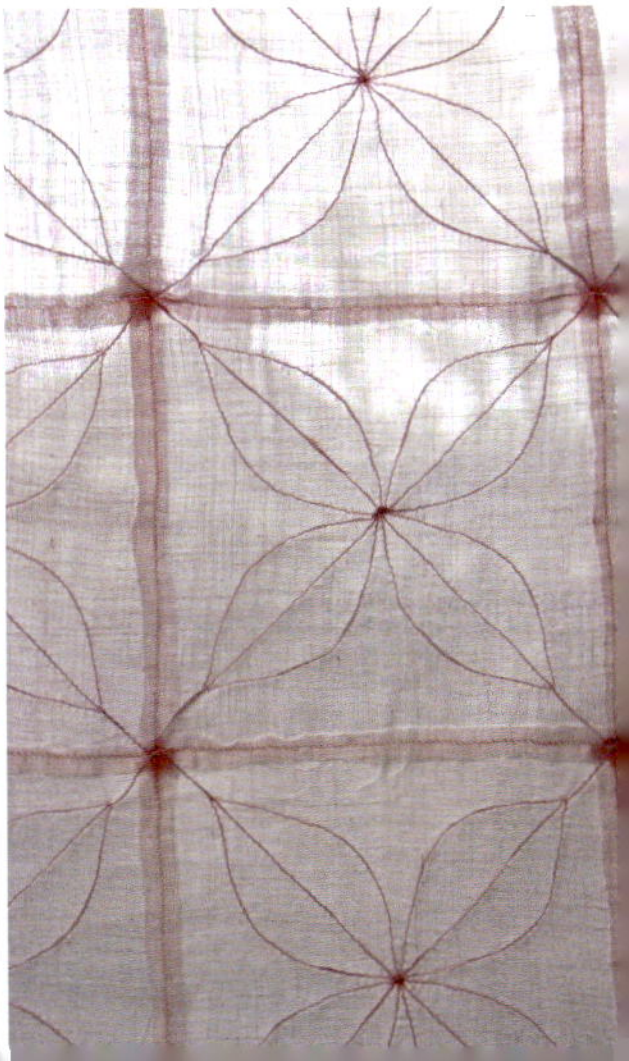

ベッドカバーのような大作を手がける人も。トリミングにレースをあしらうなど、今ならではのチョガッポに仕上げられています。

暮らしの中でこそ輝きを増すポジャギ

趣味の習い事としても人気の高いチョガッポ作り。教室に通い、技術を習得して作家としてデビューする人も多くなってきています。作品を工芸店などで販売する人もいれば、自宅でインテリアとして楽しむ人も。手作りのチョガッポを素敵に飾ることができれば嬉しさもひとしお。アイディアに富んだ使い方で、チョガッポをより魅力的に見せている人たちの自宅にお邪魔し、その楽しみ方のいろいろを教えていただきました。どのお宅でも、伝統だけに縛られないアイディアが光ります。

右：これが正統派の使い方。本来小さなポジャギは、卓上の食べものに埃除けや虫除けとして被せて使いました。左：手作りしたチョガッポを三角形に折り、竹竿に吊してディスプレー。こうすると立派なインテリアオブジェになります。

右：椅子の背にカバー風にチョガッポをあしらって。マジックテープで着脱ができるようにしてあります。左：ランプシェードに透け感のあるポジャギを垂らしてランタン風な照明に。オリエンタルな雰囲気を演出。

チムグ

침구 ✿寝具

花嫁の願いが込められた特別なもの

ソウルにはオリジナルの寝具を手がける婚礼用品店がたくさんあります。どのショップにもその店ならではの個性があり、見ているだけでもウットリ。最近では、ネックピローのようなアイテムも登場していて、インテリア用品としても注目され、観光客にも人気があるようです。上段右と中段左は「soyoo」、上段左と下段左は「タムヨン」、中段右は「ビン」、下段右は「差異」の商品。お店のデータは124〜126頁を参照。

韓国では、婚礼用品店で寝具が取り扱われています。それはそれは手の込んだ美しいもので、日本のそれとくらべると、あまりの華やかさに驚いてしまうほど。

でも、なぜ寝具が婚礼用品として大切にされているのか、そこには、昔からの慣習があります。朝鮮時代からの慣習で、結婚に際して花嫁が、夫婦のものと夫の両親への贈答品として寝具を用意する決まりがあり、夫婦円満を司る道具として、寝具には特別な思いが込められているのです。

特に、他では見られない美しい枕には、韓国の寝具文化が象徴されているようで、両端に縁起の良いモチーフを丁寧に刺繍した箱枕は、積み上げてディスプレー用品として使うショップもあるほど、バリエーションに富んだ可愛らしいものです。この枕の起源は高麗時代と考えられていて、中国人が記した『高麗図経』という文献に、王の枕には両側面に金糸で刺繍を施し、中には菊の花が入れられた、と書かれているのだそうです。こうした枕が基になり、朝鮮時代に両班から庶民へと伝わっていったものと考えられます。

韓屋には日本の押し入れのような収納スペースがありません。布団の収納は、バンダチと呼ばれる箪笥の上に置くのが決まりだったとか。

今でこそ寝具を手作りする人はいませんが、朝鮮時代には、寝具は買うものではなく花嫁が手作りするのが慣わしでした。閨房工芸のひとつであり、婚礼が決まるとすぐに作り始め、人によっては季節ごとの寝具を用意したのだとか。自分たち夫婦と両親の分も考えると合計八組の寝具を用意したことになります。それは、大変な仕事であったことでしょう。

しかし、朝鮮時代の庶民の布団は、現在のように華やかなものではありませんでした。伝統に基づいて色彩に決まりがあり、掛け布団は、上部の四分の一くらいまで朱色の布を施し、残りの部分は黒か紺色に仕上げ、敷き布団は朱一色というのが一般的な意匠だったようです。

今も昔も、女性が結婚に願うことは、夫婦円満で末永く幸せに暮らすこと。だからこそ、その願いが届くように、今でも寝具は特別な存在として取り扱われているのです。

화각 ✿牛角の工芸

ファガク

韓国独自のデリケートな細工

極彩色のベースにたくさんの動物や植物を描いた、とても華やかな工芸、ファガㇰ。漢字で華角と書くことからもわかるように、牛の角を素材にした韓国だけに伝わる独特の工芸です。何故この工芸が朝鮮半島だけで作られるようになったのか、その理由は定かではありませんが、朝鮮時代に両班の女性のための箪笥や裁縫箱などの調度品の細工として発達しました。

ファガㇰに使われるのは、韓国で昔から飼育されてきた黄牛の角です。〇・一ミリほどの薄さまで削って板状にした角に、民族図と呼ばれる縁起の良い模様を描き、描いた面を裏にして土台となる箪笥などの調度品に貼り合わせていきます。そうすることで、角を透して絵を見ることになり、極彩色の絵にも柔らかなニュアンスが生まれ、何とも言えない艶のある美しさになるのです。外出を厳しく制限されていた朝鮮時代の女性たちにとっては、部屋の中だけが自分の世界。その場所を明るく楽しくしたいと願うことは至極当然のことだったでしょう。彼女たちの要望に応えるように、こうした工芸が生まれ、発達したのだと思われます。

ファガㇰが最も盛んに作られたのは、朝鮮時代中期から二十世紀初頭。比較的近い時代まで作られていたにもかかわらず、遺物として残されているものが少ないのには、この素材のデリケートさが理由に挙げられます。乾燥に弱く、割れてしまう牛の角は、保存に細心の注意が必要。しかし、そうした保存がままならない状況が長く続いた時代背景から、当時のファガㇰ工芸は大変貴重なものとなっています。二十世紀に入ってからは、セルロイド製の偽物が出回ったこともあり、そうした偽物が現在骨董店などで扱われている場合もあります。

しかし、この貴重な固有の工芸は、消滅してしまったわけではありません。数少ない職人によって、その確かな技は受け継がれています。目にも鮮やかな絢爛豪華な美は、今も人々を魅了します。

ファガㇰ工芸には、ものさしや糸巻きといった裁縫道具、そして櫛や枕の飾りなどもあります。いずれも女性用で、華やかであるために男性用品に用いられることはありませんでした。

ファガㇰ職人、イ・ジェマンさんの作品。ハㇺと呼ばれる婚礼用の箱。丸みのある角を仕上げるには卓越した腕が必要で、達人の技が光ります。

イ・ジェマンさんの仕事は、下絵書きから加工まで、すべて一人で行う手作業。細かな作業の連続で、1年で作れる作品は1つか2つ。まず、民画などを参考に民族図という伝統的な縁起の良い絵を下書き（右上）。斑の少ない、草だけを食べて育った2歳の雄牛の角を使い、その角をフィルムのような薄さにまで削ります。下書きした絵の上に薄く削った板状の角を置き、下書きを写す。裏返した状態を考慮しながら色塗り（左上）をしたら土台となる家具などに接着（右下）。濁りを取るためヤスリをかけ更に薄く仕上げる（左下）。最終的には0.05ミリほどの薄さに。イ・ジェマンさんの作品は「無形文化財展示場」で見ることができます。作品は受注販売にて購入も可能。

朝鮮時代の美を蘇らせる、唯一無二の匠の技

ファガク工芸には、消滅しかけた歴史があります。一九二四年、ファガクを専門に作っていた華角村が洪水に遭い、ほとんどの職人が村を去り職からも離れたのです。しかし、たった一人で技術を守るためファガク工芸を作り続けたウム・イルチョンという人物がいました。その人から直接指導を受け、技を後世に残すべく、精力的にファガク工芸を製作しているのがイ・ジェマンさん。韓国の重要無形文化財である氏の仕事には、息を飲むような緻密さがあり、同時に伝統を大胆にアレンジしたモダンさも魅力です。韓国固有の美が、今新たに花開きました。

左：比較的小さなバンダチ。陰陽五行説の5色から色を選んで作られるファガㇰ工芸は、とても華やか。右：小箱のセット。裁縫道具などを入れるための箱物で、韓国では昔から多く作られています。

左：ハムと呼ばれる婚礼用品を納める箱。夫側の両親から花嫁に贈られるもの。鹿や虎など動物の表情までもが愛らしい。右：大変贅沢な大きなバンダチ。

나전 ✿ 螺鈿

ナジョン

暮らしに息づき、愛されつづける

3点とも、昔の遺物を忠実に再現したレプリカ。上のボウルは、朝鮮時代にあった魚と蓮の模様の器。右は、チャハプと呼ばれる高麗時代にあった箱。右上は枕の飾り、ペゲッモ。どれもナジョン職人、チョン・ビョンホさんによるもので、国立中央博物館との共同研究によって作られました。

日本でも見かける螺鈿細工。その起源は中国にあり、韓国に伝えられ、その後日本にも普及しました。東洋人の器用さと繊細さが育んだ共通の文化といえるこの工芸ですが、最も愛されていると感じるのは韓国です。螺鈿はナジョンと呼ばれ、伝統的な工芸品を扱うショップにはもちろんのこと、モダンなインテリアショップにも、ナジョンをあしらった小物などが並んでいるのをよく目にします。

韓国にナジョンが伝えられたのは統一新羅時代といわれており、それはチュルムジルと呼ばれる技法でした。この技法は、貝を模様に切り抜いて貼り付ける方法で、その後高麗時代にはクヌムジル、そして朝鮮時代には、タチャルと呼ばれる韓国独自の技法も確立されます。クヌムジルは、細かく均一にカットした貝を組み合わせ、麻の葉模様や亀甲模様を描く技法で、タチャルは、チュルムジルを叩いてひび割れを加える技法です。そして、漆を用いるのも韓国独自の技法だったそう。当初、中国では螺鈿に漆は使われず、木の素地に、そのままあしらっていたのだとか。このように独自に目覚ましい発展を遂げた韓国の螺鈿、ナジョンは、中国の王への献上品にもなっていったのです。ちなみに、日本に螺鈿を伝えたのは、中国、韓国、どちらからなのかは定かではないようです。

時代が進むにつれ、中国や日本では螺鈿人気が衰退していきます。中国の木工芸は彫刻へと重きが移り、日本は蒔絵に変化していきました。しかし、韓国ではずっと螺鈿人気が続き、その意匠にも時代によって変化が見られます。高麗時代までは、一面に唐草模様などの総柄が基本でしたが、朝鮮時代に入ると、儒教の影響からモチーフとなる動物や植物が単体であしらわれるシンプルな意匠に変わりました。そして現在は、伝統的な要素も取り入れつつ、印象としてはとてもモダンなものとなって、ギフト用品などとして人気を集めています。

花モチーフの周りを亀甲模様で囲んだ、緻密な総柄のナジョン。ひとつ作るのに気の遠くなるような作業が繰り返されます。

韓国のナジョンは、高麗時代に入り画期的な発展を遂げました。中国から伝えられた技法だけにとどまらず、独自の技法を生みだしたことにより、意匠のバリエーションが増え、美しい工芸として人々に愛され続けてきました。左上：中国から伝えられたチュルムジル技法。貝を模様に合わせ切り抜いて貼り合わせます。右上：クヌムジル技法。均一に細かくカットした貝を組み合わせて模様を描きます。右下：タチャル技法。チュルムジルを叩いて、ひび割れを加える技法で、この写真では蝶の部分にタチャルが施されています。

現在、ソウルにはナジョン工芸を扱うショップがいくつもあり、お土産品的なチープなものから、作家によるモダンデザインのものまで幅広く揃っています。左上：クジョㇽパンという伝統の宮廷料理を盛りつける専用の器。右上：鏡台と箱。伝統的な模様をベースに、今の感覚を大切にしたデザイン。左下：ハㇺは婚礼用品のひとつ。伝統を重んじた模様です。右下：フレームと小物入れ。インテリア小物として違和感なく今の暮らしに溶け込みます。

약장 ❀ 薬簞笥

ヤクチャン

細かな技に目を瞠る人気の家具

リプロダクションで作られているヤクチャンを使って、部屋のワンコーナーをコーディネートしてみました。オリエンタルモダンな雰囲気に。

どちらも朝鮮時代の骨董ヤㇰチャン。必要最低限まで薄くされた棚のフレームや引き出しの造りに、繊細な技術が駆使されていたことが伝わってきます。左の写真の引き出しには、薬の名前がラベルとして貼られています。とても貴重で珍しいものだそう。

自然とともに暮らすことを大切にしてきた朝鮮時代の人々。医食同源の考え方も浸透していた中で、高麗時代までは王族のためだけに処方されていた漢方薬が、この時代には両班など支配階級の人々にも用いられるようになります。それに付随して、ヤㇰチャンと呼ばれる漢方薬を保存するための薬簞笥が作られるようになりました。確かなことはわかっていませんが、朝鮮時代初期には存在していたものと考えられています。

薬簞笥の起源は中国、そして日本にも伝えられ、それぞれの国で作られるようになるのですが、くらべてみると、その国のお国柄や国民性というものが、木材の使い方や作り方に特徴として表れていることに気がつきます。中国の薬簞笥は、木材をふんだんに使い、棚のフレーム部分が太く、引き出しも大きくてがっしりしていて、資源に事欠かない大国らしい造り。韓国のヤㇰチャンは、最小限の木材で作られ、フレームが細く引き出しも小ぶりです。貴重な資源である木材を大切にしようとする考え方がそこに窺えます。そして日本の薬簞笥は、中国ほど大胆に木材を使ってはいませんが、細工が細かく、正確さや緻密さを重んじていたことが感じられます。この特徴は、現在のもの作りにおいても同じであるといえるでしょう。こうした比較ができるヤㇰチャンは、とても興味深い家具なのです。

そして韓国では、現在でもリプロダクションのヤㇰチャンに人気があります。朝鮮時代の骨董のヤㇰチャンは、貴重なものとしてコレクターの間では垂涎の的。壊れた部分を修理して使い続けているファンもいて、その魅力は、今の家具より数段優れた技が使われていることだといいます。修理に出して初めて隠し引き出しの存在を知ったり、百年以上経っているのに引き出しの開閉が驚くほど滑らかだったり、そうした優れた技と知恵に魅了されるそうです。それはまさに、温故知新といえるのかもしれません。

두석 ❀飾り金具

トゥソク

コレクションしたくなる、愛らしい意匠

朝鮮時代に作られたバンダチに取り付けられていたトゥソク。単なる金具や鍵としての役目だけではない、装飾を兼ねた美しい意匠が魅力。

インテリアのアクセントとして、日本でも人気のある韓国の簞笥、バンダチ。その特徴は豆錫《トゥソク》と呼ばれる金具や鍵などの金属細工にあります。単なる補強や防犯、留め具としての役目にとどまらない、そのユニークともいえる装飾性はバンダチならではの魅力でもあります。

こうした装飾のある調度品は、もともと王族や両班など支配階級の人々のものでした。三国時代にはトゥソクが存在していたことは、発掘された百済の武寧王の棺に使われていたことで証明されています。当時のトゥソクは青銅製で、高麗時代には鉄と真鍮がそれに代わり、朝鮮時代にはニッケルが多く使われるようになりました。トゥソクの最盛期は朝鮮時代。この時代の後期になると、装飾過多とも思えるバンダチさえ登場します。

金属でできた鍵や留め金などを総称してトゥソクといいます。上：柳宗悦もコレクションしていたとされる魚をモチーフにした鍵。見張り番として、大切なものをしまった引き出しや箱につけられていました。右：八角形の鍵は福の文字があしらわれた縁起の良い意匠。婚礼用品のハムの鍵と考えられます。他はすべてバンダチの装飾用金具。トラ、コウモリ、鳳凰、どれも縁起の良いモチーフ。

留め具や鍵のモチーフとなっている動物や植物には、それぞれ意味があり、十長生に、コウモリや蝶、花など基本的によく使われる縁起物に加え、糸巻きや壺などのモチーフも登場します。これには、裁縫上手になる、福を蓄える、などの願い事が込められていました。また、鍵のモチーフとして代表的な魚には防犯の意味があり、魚は夜眠るときでも目を開けていることから、見張り役に見立てたようです。こうした装飾としてのトゥソクが使われたのは、女性用の調度品が中心。儒教の影響から、男性用品には華美にならない、丸や四角などの単純な形のトゥソクが使われました。

金具といえども手の込んだトゥソクには朝鮮王朝のお抱え職人がいて、鍵を作る職人、装飾を手がける職人と仕事が分担されていたそうです。その作り方には、

朝鮮時代のバンダチ。まるでこれそのものが装飾品であるような華やかな意匠が施されています。派手ではあるけれど可愛らしい。

板金と彫金の二つの技法が駆使され、板金技法でモチーフの形に金属を切り抜き、タッチャルという線を描く技法と、チョイという凹凸をつける二つの彫金技法によって細部にまで凝ったトゥソクを完成させました。道具は金槌と小刀だけだったそうで、当時の職人たちの水準の高さが伝わってきます。

右上3点：トリ、カエル、シカもすべてバンダチ用の装飾金具。女性のために作られているからなのか、どれも愛らしい雰囲気を醸しだしています。朝鮮時代の工芸にあしらわれるモチーフの意匠には、こうした可愛らしさが共通していると感じます。上2点：共に高麗時代に作られた貴重な鍵。繊細なラインは、この時代特有の美しさでもあります。龍のモチーフは王のものにだけ使われていました。

전각 ✿篆刻

チョンガク

書芸から育まれた多彩なデザイン

私たち日本人にとって、印章は自分を表す道具として欠かせないもの。それは韓国でも同じで、個人がそれぞれ印章《インジャン》を所持し、契約書など大切な証書に捺印するのは一般的に行われていることです。印章は、もともと中国から伝えられた篆刻の一部ですが、日本でも韓国でも、その後に独自の発展を遂げることになります。

韓国に篆刻が最初に伝わったのは紀元前二〇〇〇年頃といわれていて、当時の王が自分を表す、実用的な印鑑として使っていたと考えられています。しかし、この頃の篆刻には芸術という意味合いはなく、デザイン性に富む芸術としての篆刻の始まりは朝鮮時代後期に入ってからでした。

篆刻は、書と共に中国から再び伝えられ、書芸として王族だけでなく両班にも広く親しまれるようになります。両班の男性にとって、書芸に親しむことは教養を磨くことであり、書と篆刻を共に美しく仕上げられる腕を持つことは、ひとつのステイタスであったようです。また、この時代には書芸家も登場し、彼らは篆《チョン》書《ソ》と呼ばれる古代文字をアレンジすることも始めます。それと並行して、神話に登場する生きものをモチーフに篆刻をデザインすることも始まり、印譜《インボ》と呼ばれる作品集も作られます。その篆刻の中には、蛇遣いや馬車などが刻まれており、当時の生活に関係のあるモチーフを自由に取り入れていたことが窺えるそうです。さらに、そうした篆刻を屏風の模様としても使うなど、朝鮮時代には、一気に芸術としての書芸が開花していきました。

そして、現在の韓国では、書芸という範疇も飛び越えて、篆刻は自由な表現方法の一つとして高まりを見せています。絵画的な手法を取り入れたり、版画と書を組み合わせたり、作家の独自性が際立っているのが何より魅力的。同じ東方の民同士、同じであることと違うこと、それを見つめ合える芸術である篆刻に、これからも注目が集まりそうです。

上2点は現代篆刻芸術の第一人者として、自由な表現で知られるコアム（古岩）こと、チョン・ビョンレさんの篆刻。ハングルをモチーフにした作品からは、読めずとも、氏の篆刻への熱い思いが伝わるようなエネルギーを感じます。

韓国の新進篆刻作家たちの作品をご紹介。左上：仁寺洞のメインストリートにショップを構えるキム・テワンさんの作品。掛け軸になっている篆刻作品は観光客にも人気。右上：韓国の神話をモチーフに作られたチョン・ビョンレさんの篆刻。左下：女性篆刻作家、キム・ソンスクさんによるもの。伝統的な書芸としての篆刻を基本に、ポジャギなどにあしらう表現が新鮮。右下：ジョン・ジョングさんは、ハングルをモチーフにモダンアート的なアプローチの篆刻で表現。

한지 韓紙

ハンジ

自然素材が生む、丈夫で美しい紙

韓紙職人、チャン・ヨンフンさんが作る韓紙は、さまざまな表情を持ち絹織物のような美しさがあります。紙のサイズは韓屋の扉に合う大きさに作るのが昔からの決まり。

ソウルから車で三時間ほど、全羅北道《チョルラブクト》の道庁所在地である全州《チョンジュ》は、いにしえの時代、後百済《フベクチェ》の都だった場所。現在でも観光地として人気のあるこの土地は、昔から韓紙の産地としても有名で、全州韓《チョンジュハ》屋村《ノクマウル》には韓紙工芸を体験できる施設などがあり、暮らしの中に韓紙を普及させる試みが盛んに行われています。

ここが韓紙の産地として栄えた背景には、山々が連なる地形と全州川《チョンジュチョン》から流れる清らかな水がありました。韓紙の原料であるタンナム（楮《こうぞ》）は、斜面に自生し、寒暖の差のある場所を好む植物であること。そして、紙漉《かみすき》にはたくさんの水が欠かせないこと。これらの条件がすべて揃った全州は、紙作りには打ってつけの場所だったのです。

今でこそ韓紙の需要は少なくなってしまいましたが、丈夫な韓紙は、多くの用途をもった素材でもあります。和紙と比較しても、丈夫さでは負けないといわれる韓紙。その理由はタンナムの繊維が長いためで、丈夫さはタンナム最大の特徴

韓紙工芸は、庶民の女性たちの手によって発展しました。代表的な技法は3種類あり、上の3点はその内の2つ。左はチスン工芸と呼ばれ、紙縒状にした紙を編んだカゴ。中央はチホ工芸。紙に漆を塗り生活道具としたもの。右はチホ工芸の手法で作られたチャン・ヨンフンさんの作品。建材として使われています。

でもあるのだそうです。その丈夫さから、韓屋の建材としても多く用いられてきました。ムンサㇽと呼ばれる扉、壁紙、そしてオンドルの床、こうして数えてみると、韓屋の内装のほとんどに韓紙が使われていることに気づきます。自然素材である紙が人の体にやさしい建材であるのは確かなこと。自然とともに生きることを、最も大切にしていた人々だからこその知恵であるといえます。

韓紙の歴史は定かではありませんが、三国時代に盛んになったと考えられていて、仏教が伝わり、その普及とともに経典を記すものとして韓紙は作られ始めたとされています。また、庶民の女性たちによってさまざまな暮らしの道具も作られました。経済的に厳しい暮らしを送る中で、必要に迫られ作り始めたと考えられるそれらの道具は、いつしか、韓国を代表する工芸へと発展しました。韓紙工芸と呼ばれるその工芸は、用の美を持つものと、巧みな技によって生まれる華麗な装飾品と、二つの側面を持っています。

代表的な技法のひとつ、紙を小刀で切り抜くことで美しい模様を描きだすチョンジ工芸。まるでレースのように繊細に切り抜かれた紙を重ね合わせ、鳥や花など自然のモチーフを生き生きと表現します。左：茶器をしまうハム。右：菓子皿。

このページのチョンジ工芸は、すべてキム・ヘミジャさんによるもの。女性らしい華やかでやさしい色合いの作品は、見ているだけで安らぎを与えてくれます。左：バンダチの扉に施した愛らしい鳥の模様。右：裁縫箱。中の細工も圧巻。

韓紙のふるさと、全州へ

全州韓屋村は、朝鮮時代までの街並みを彷彿させる美観地区。今も当時の住まいであった韓屋を生かし、観光スポットとして国内外の人々が大勢訪れています。この村には、特産品でもある韓紙を普及させるために、韓紙工芸を扱うショップや体験施設などがあります。

韓紙工芸として代表的なチョンジ工芸を手がけるキム・ヘミジャさんの自宅兼工房もこの中にあり、美しい作品の数々を紹介しています。その神業的な仕事には、日本にもたくさんのファンがいます。

全州韓屋村はのどかな時間が流れるところ。ゆっくりと散策するのにちょうどいい広さの村には、韓紙工芸ショップはもちろん、お洒落なカフェなどもでき始め、若い人たちの間でも注目されています。

キム・ヘミジャさんの仕事風景。ムンサル柄と呼ばれる模様（左）は、難解なパズルを思わせるような入りくんだ線で成り立っています。それを小刀一本で、スルスルと手際よく切り抜く様には、ただただ驚くばかり。根気のいる仕事です。右は、照明のカバーにチョンジ工芸をあしらって。明かりを灯すと美しい模様が浮かびます。

왕골 공예 ✿莞草工芸

ワンゴルコンイェ

懐かしくて、
あったかくて、 モダンな柄

「カンガンスルレ」という、昔から韓国に伝わる女の子たちの遊びをモチーフに編み込んだ愛らしいコッチハプ。

一目見ただけで郷愁を誘う、素朴であたたかな、そして可愛らしいワンゴル工芸。ソウルの郊外、北西に位置する江華《カンファ》島《ド》で作られているワンゴルと呼ばれるイグサを素材とした工芸は、この地に昔から伝わるもので、その起源は高麗時代にまで遡ります。

ある一人の王が、モンゴルとの戦いの最中、身を守るために江華島に逃れて来たときのこと。王はこの地のワンゴルを大変気に入り、島の人々に、自分たちが使うための華やかな敷物や箱を作るよう命じたのが始まりといわれています。島民たちはそれ以前からござを編んではいましたが、それは庶民の使う無地で地味なものだったので、花や鳥などの編み方を教わり、以来、ここで編まれる品々はとても華やかなものになったのだそうです。

ワンゴル工芸は、主にファムンソクと呼ばれる花ござ、パンソクと呼ばれる座布団、コッチハプという蓋につまみのある箱、そしてサムハプという三つが入れ子式になった箱が代表的なアイテムで、どれも陰陽五行説の色を基本に、十長生や花鳥風月を織り込んだ美しい模様が特徴です。

ファムンソクを編むには、3人から4人の女性が一緒に作業を進めます。設計図を見ることもなく、模様は彼女たちのカンだけで編み込まれていきます。

昔はイグサを栽培する農家の人々によって編まれていましたが、現在では専門の職人たちの手で作られています。ところが、二十年ほど前までは二千人はいたとされる職人も、今は二百人足らず。やはり需要が激減しているのが原因です。韓国内でもワンゴル工芸を知る人は少なくなっているのが現状で、それを打開すべく島の自治体が中心となり、「ファムンソク文化館」を二〇〇五年に設立。現在、その普及に努めています。この施設では、ファムンソクやコッチハプなどの展示はもちろん、製作風景を見学することもでき、楽しみながらワンゴル工芸を学ぶことができます。

こうした伝統のある工芸が、どれも衰退の一途を辿っているのが今の韓国の現実。美しいものを作る人々の心意気が報われることを願うばかりです。

どんぐりのような形が愛らしい、色違いのコッチハプ。
蓋と本体の柄がぴったり合うように編むのは達人の技。

ハムもワンゴル工芸の定番的アイテム。赤と緑のコントラストが美しい。

3点とも、掌サイズのハム。伝統的な婚礼用品ハムを、
ミニチュアとしてワンゴルで製作したもの。

左：ブドウの模様が編み込まれた壺型のコッチハプ。
右：女の子がお遊戯している図を編み込んだサムハプ。

レース編みと組み合わせた珍しいタイプのチュモニ型ワンゴル工芸。

菓子容器として作られたコッチハプ。食卓のアクセントになります。

韓国の田舎でよく目にする、黄土で作られた平屋の建物をモチーフにしたコッチハプ。色使いがカワイイので、2つ並べて飾りたい。

人形タイプのコッチハプはとても珍しい。十字架が編み込まれています。

大小セットになったハム。婚礼用品として作られた一生ものの道具です。

繊細なグラデーションで編み込まれた模様は、高い技術を要するもの。

これも伝統的な意匠の3段のカゴ。陰陽五行説の色使いが韓国ならでは。

102〜103ページで紹介した作品はすべて、江華ファムンソク文化館の所蔵品。

オレンジにグリーンの配色がエスニックな雰囲気のパンソㇰ。

野に咲く花模様を四隅にあしらった四角のパンソㇰは可憐な印象。

キロギと呼ばれる渡り鳥と縁起の良い文字。結婚祝いに喜ばれそう。

流れる川をイメージしたモダンアート風のファムンソㇰ。

上下にシンメトリーに描かれたレンゲの花。水に映った姿のよう。

キロギをモチーフに編み込んだ伝統的な図案がノスタルジックです。

こちらも番いの鳥がモチーフ。夫婦円満を願う心がとても強い韓国らしい。

大きく描かれた蓮の花は、極楽浄土を思わせるユニークな作品。

韓国の人々にとって、トラは自分たちの化身でもあるのです。

104ページで紹介した作品はすべて、江華ファムンソㇰ文化館の所蔵品。

伝統的な工芸でありながら、その図案にはモダンなものが多いファムンソㇰ。現在のインテリアにコーディネートしてもまったく違和感がありません。

祈りと祀り

韓国に残されている遺物としての工芸は、ほとんどが朝鮮時代に作られたものです。高麗時代やそれ以前の時代のものとなると、いまやとても少ないのが現実。厳しい歴史が繰り返される中で、韓国独自の工芸やそれに関する資料は多くを喪失してしまいました。また、人々の価値観の変化も、そうした工芸の損失に拍車をかけていた時期があります。

土着的な信仰や行事にまつわる工芸もそのひとつ。大韓民国（一九四八～）として独立後、キリスト教や仏教などのメジャーな宗教が信仰される中で、古代から民間の中にあった土着的信仰は禁止されていた時期もあり、人々の暮らしから忘れ去られ、遠ざかった存在となっていました。しかし、近年になり、そうした信仰を独自の文化として見直す気運が高まってきています。

土着的信仰のシンボルとして作られる、素朴でユニークな鳥や人を模った工芸は、当時の人々のありのままの心が反映されたとても興味深いものです。ソッテと呼ばれる木柱や、トルハルバンなどの石人にまつわる話からは、朝鮮半島に暮らす人々が、自然を愛し、自然と一体化した暮らしを営んでいたことが伝わってきます。そして死者を葬るための木偶、村祭りの面などの工芸は、辛いことも笑い飛ばしてしまうような、大らかな明るさが人々の根底にあったことを伝えています。きっと、このエネルギーに満ちた明るさこそが、韓国の人々の底力でもあると思うのです。

祈りや祀りのために作られるこうした工芸の数々には、いにしえの人々の尊いスピリットが分かり易く表現されていて、それが共通した特徴となっていることに素晴らしさを感じます。朝鮮時代の白磁や家具など、日本でも人気の高い骨董品が持つ魅力も、この時代の人々が持っていた気高い精神性が基盤になっているからで、そうした崇高なものを私たちは美しいと感じ取っているのでしょう。

　また、現代のように科学や技術などが発達していない時代、人々の連帯が、今よりも生きる上で重要であったことは容易に想像できます。共同作業としての行事は、皆の心をひとつにするための大切な役割を担っていたはず。それは、家族や親族という最も小さな社会にも共通することで、人生の節目の祝い事や、先祖を敬うチェサと呼ばれる風習に表されていて、今も大切に受け継がれています。

　こうした行事にも、韓国独特の工芸が登場します。キロギと呼ばれる渡り鳥を模った木彫りの置物は、韓国の結婚式になくてはならない存在。永遠の夫婦愛のシンボルとして、また、結婚を個と個の結びつきと捉えない韓国ならではの人生観を表すものでもあるのです。

　こうした工芸から伝わってくるのは、謙虚に生きた人々の姿です。人が自然の一部であることを自覚し、自然の中に生きることを尊いものとした思想。それは、今、最も必要とされる考え方でもあります。

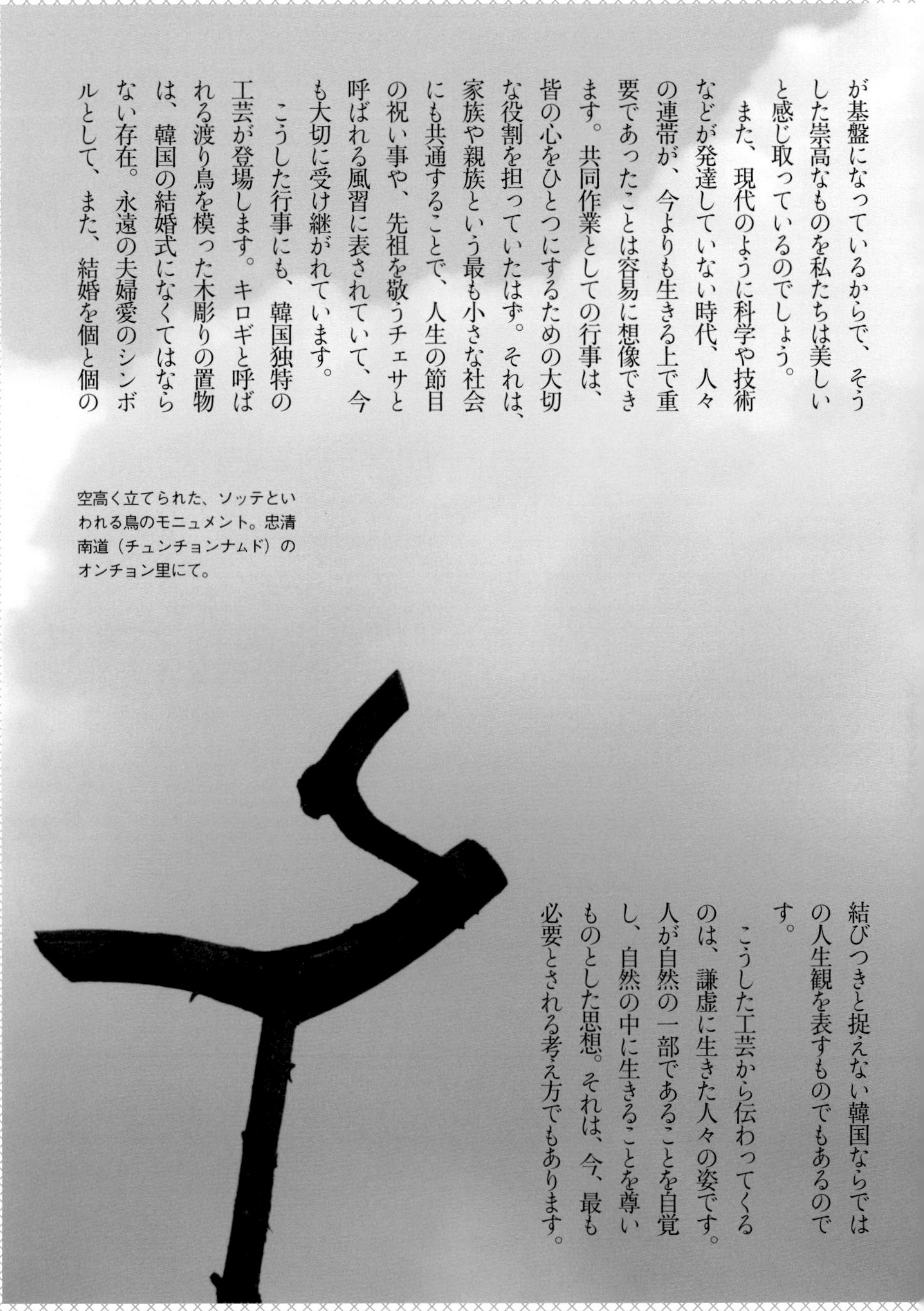

空高く立てられた、ソッテといわれる鳥のモニュメント。忠清南道（チュンチョンナムド）のオンチョン里にて。

목우 ❀木偶
モグ
愉快で賑やかな「道連れ」たち

お腹に穴が開けられているのは、サンヨ（棺を乗せる輿）に取り付けるため。思わず笑ってしまう表情やポーズには、独特のセンスを感じずにはいられません。

韓国の骨董店で時折見かける木彫りの人形。それらはユニークな表情をしていて、曲芸師のようなスタイルであったり、動物に乗っていたりと、どこか笑いを誘うような愉快なものが多いのです。きっとなにかのお祭りに使う人形だろうと思っていたら、葬儀用だと知らされて、とても驚きました。

その人形は木偶《モグ》や木人《モギン》、コットゥなどと呼ばれ、棺を乗せる韓国独特の輿、サンヨに飾られる装飾品です。木偶を飾った輿サンヨが葬儀に使われるようになったのは朝鮮時代からで、三十年ほど前までその風習は残っていました。元々、朝鮮時代の初め頃までは、楽団や曲芸師が葬儀に参列していたのだとか。当時の死に対する考え方は、違う世界へ移動することだと信じられていたそうで、見送るための儀式である葬儀は、暗いものではなく明るく送りだすための行事だったのです。しかし、その葬列が派手になり過ぎたため、王によって禁止され、その代わりに木偶が飾られるようになりました。

こうした木偶を飾ったサンヨを使って

鬼や曲芸師や、とぼけた表情の男や女。彼らはみんな、亡くなった人とともにあの世へ向かう「道連れ」なのです。鬼は魔除けとして、曲芸師は楽しみのため、男女は話し相手として淋しくないように同行するのだそうです。あの世へと旅立つ人へのやさしさや限りない愛情を感じさせる木偶たち。しかしつい最近までは、死を連想させる縁起の悪いものとして捨てられていた存在でした。価値を理解する人が徐々に現れ、今では手に入りにくいコレクターズアイテムとなっています。ものに対する人の価値観の変化も垣間見せる工芸のひとつです。5点とも木人博物館蔵。

いたのは両班と庶民で、王のサンヨには鳳凰のみが飾られ、前者に比較してそれほど派手なものではなかったようです。鳳凰は蘇りを意味するもの、両班たちは王のサンヨを真似て鳳凰も飾りましたが、王の墓に供えられていた土偶や木偶も取り入れ、賑やかなサンヨを作りあげていったのです。

両班と庶民の木偶の違いは、立体的か否かにあります。立体的なものが両班の木偶で、平面的なのは庶民の木偶。遺物としての木偶に庶民の平面的なものが多いのは、両班のサンヨは葬儀で燃やしていたため。庶民は、一つのサンヨを村で保管し、みんなで使っていたので残されているものが多いのだそうです。

それにしても愉快な造形が目立つ木偶。作っていたのは職人なのか、素人なのか、定かではありません。ただ、立体的な木偶には巧みな技巧が用いられているものもあり、木工職人の手によるものと推測できる遺物も多いのです。わざとヘタウマに仕上げたような、そこに、朝鮮時代の人々の深いセンスを感じます。

曲芸師の男。らくがきのような顔で楽しそうに微笑む表情がいい。

両班の男性（中央）、トラに乗った人、踊りを踊る人。どの木偶も表情豊かで服の色は鮮やか。死というものを暗く捉えない、当時の人々の大らかさが宿っています。

トラを青く塗るそのセンスに脱帽。パッチリ目の男はカワイイ顔。

極彩色に塗られた鳳凰は、まさに蘇りのシンボルなのです。

桶を頭に乗せた女。働き者の女性は今も昔も韓国にたくさんいます。

両班の男性の顔が、横顔と正面とふたつ描かれているのが何とも愉快。

チマチョゴリ姿が清楚な雰囲気の女性は、美人を表現したもの。

剝き出しの歯と水玉模様の体軀が斬新なトラ。男の表情も勇ましい。

庶民のサンヨに飾られていた平面的な楽団員。切れ長の目が素敵。

逆立ちする姿が愉快な曲芸師。精一杯な感じが漂います。

白馬に乗って天国までひとっ走り。やさしい表情が可愛らしい。

まるでモダンアートのような造形。お揃いの衣装の二人組曲芸師。

スッキリとした顔立ちは、美男の両班。素敵な人もお供には必要です。

ちょっと太り気味な体型がユーモラスな、棍棒を持つ鬼。憎めない。

植民地時代の軍服姿の日本人。強いので魔除けとして抜擢されたとか。

110〜111ページで紹介した木偶はすべて、トンスンアートセンターの所蔵品。

솟대 木造の鳥

ソッテ

天と地をつなぎ、村民を守る水鳥

抜けるような青空に、今にも羽ばたきそうなソッテの群れ。忠清南道のオンチョン里は、村おこしとしてソッテ作りを始めました。

韓国の農村ではその昔、ソッテと呼ばれる鳥をモチーフにしたモニュメントが村民たちによって手作りされていました。村の入口に立てられるソッテは、チャンスンと呼ばれる天下大将軍と地下女将軍と彫られた魔除けのシンボルとともに立てられ、邪気を追い払うものとして人々から支持された、一つの民間信仰でした。

しかし、一九七〇年に「セマウル運動」を当時の朴正熙《パク・チョンヒ》大統領が提唱すると、ソッテは土着的信仰として廃止されます。セマウルとは新しい村という意味で、農村の近代化を目的とした運動でした。農民たちの生活革新や所得の増大を目的とした計画でしたが、その反面、ずっと続いてきた固有の文化を途絶えさせる原因にもなったのです。それ以後ソッテが作られることはなくなり、韓国内でも知る人が少なくなっていました。けれどここ数年、自発的にまたソッテを作りはじめる村が登場しています。目覚ましい経済発展を成し遂げている現在の韓国では、セマウル運動を声高に唱えることは、既に時代遅れとなったのです。

ソッテを韓国独自の工芸として見つめ、作品として手がける作家も登場しています。左：イ・ガラクさんのソッテ。中央：ユン・ヨンホさんの作品。右：半世紀以上前からソッテを手がけ、農業を営むソ・サンフンさんのソッテ。毎年旧暦1月15日の満月の祝いには、1年も欠かすことなく作り続けてきました。

ソッテの起源は遥か昔に遡り、青銅器時代にあった御柱が基になっていると考えられています。当時、王とともに政治を動かしていた天軍という宗教を司る者が御柱を作り、天との交信用のアンテナとしていたのだそうです。その頃には木彫りの鳥はつけられておらず、いつからそうなったかは解明されていません。

ソッテは水鳥の雁とされていて、韓国では渡り鳥である水鳥全般を崇める慣習があります。水鳥は、水、陸、空とすべての世界を行き来する生きものであり、渡りという行為は、あの世とこの世を繋ぐ役目を果たしていると考えられてきたのです。また、多産であることや、一夫一婦制を貫く種もいることなどが好まれる要因となっています。

こうした水鳥を好み、崇拝する文化の背景には、朝鮮時代の人々の平和に対する強い願いが表れています。幸せであるために一番大切なのは平和であること。それを自然界から無理なく学んだ人々が朝鮮時代にたくさんいたことを、ソッテは今に伝えようとしています。

석인 ソギン

✿済州島の石像

愉快で大らかな守り神たち

石人コレクター、キム・ウィガンさんが所有する文人石。長い髭がサンタクロースのようで、とても愉快。

韓国の西南端に位置する済州島《チェジュド》。ここには、他の土地には見られない独特の石文化があります。その代表でもあるトㇽハルバンは、大きな目とずんぐりとした体型、帽子を被ったユニークな姿が特徴で、済州島の観光シンボルにもなっているほど人気のある石像です。トㇽハルバンは朝鮮時代、一七五四年に政府よりこの島に派遣されたキム・モンギュという

済州島の旧旌義県（チョンイヒョン）にある城跡門前。門を挟み、2組のトㇽハルバンが向き合うように並んでいます。城の東西南の3つの門前に設置。

済州島には、3つのタイプのトルハルバンが存在。左：旧大静県（テジョンヒョン）のトルハルバンで、眼鏡をかけているような二重まぶたが特徴。中央：最も有名な済州市のトルハルバン。大きな目と威圧感のある鼻は守護神らしい。右：旧旌義県のトルハルバン。すっきりとした顔立ちとスリムな体型がバランスのいい石人。

牧使（土地を統括する知事のような存在）の命によって作られました。いわゆる守護神として城の門前に立てられ、当時は翁《オン》仲石《ジュンソク》と名づけられましたが、一九七一年に島の言葉でお爺さんを意味するハルバンからトルハルバンと新たに命名されたのだそうです。モンゴルやバリの土着的な神や、韓国本土のチャンスンなどと島の文化が混ざり合い、この独特の風貌が生まれたと考えられています。トルハルバンは済州島の三つの地域にあり、それぞれのエリアで作者が異なるため、姿や表情に違いがあるのも興味深い石像です。

　そして、済州島では墓にも独特の石像が見られます。童子石《トンジャソク》と文人石《ムニンソク》と呼ばれる、それぞれ二体一対になった石像です。童子石は死者の霊に仕える役目を持つものとして、手にはスッカラクや杯を持ち、愛くるしい表情をしています。文人石は墓を守る役人として存在していて、官僚を表す帽子を被り仙人のような表情が特徴です。済州島の墓は石垣で囲うようにして作られており、その囲いの中で、二体それぞれが向かい合うように立てられています。こうした墓は元々両班のためのものでしたが、時代を経ると庶民にも浸透していったようです。

　済州島の人々は、これらの石像を親しみを込めて石人《ソギン》と呼びます。火山島という厳しい自然環境の中で、農耕には邪魔になる火山石を有効利用するように作った守り神。そこには、この島に暮らす人々の逞しき精神と豊かな感受性が感じられます。

童子石としては大人っぽい表情の石人。手に持っているのはスジョとお椀。2体1組で死者の霊に仕える役目を担っています。

愛嬌ある笑顔に、ついつい惹かれて……ユニーク石人コレクション

愉快な表情や仕草で、眺めているだけで和めてしまう済州島の石人たち。まとめて見学するなら、遺物として保存展示されている「済州石文化公園」がお薦めです。しかし、島の中には、今も朝鮮時代の墓が点在していて、畑の中や山中にひっそりと佇んでいる石人もまだまだ存在しています。墓に仕える本来の姿を見つけるには、島をくまなく散策すること。背の高い草むらに隠れている石人を見つけてみましょう。

トルタムと呼ばれる乱積みの石垣。済州島の墓は、上の写真のように作られていました。童子石と文人石が、それぞれ向かい合い並んでいます。中央のこんもりとした山の下に遺骨を安置。

とにかく表情豊かな石人たち。朝鮮時代の工芸に共通する素朴であたたかな美は、ここ済州島にも石人として根づいていました。右ページの石人は、畑の中で見つけたもの。こうした野に立つ石人や野仏、トルハルバンは、今も約4000体はあるといわれています。左ページの石人は「済州石文化公園」に展示されているもの。ひとつひとつ眺めてみると、誰かの顔に似ているようで、それが石人鑑賞の楽しさでもあります。

기러기 鳥の置物

キロギ

夫婦の門出を祝う、愛らしい縁起物

韓国の結婚式に欠かせないキロギ。この水鳥の置物は、どんな種類の鳥を模ったものなのか、諸説あるようではっきりとしたことはわかっていません。鴨や雁だとするのが有力ですが、ソッテが雁であるとする説があることから、キロギを鴨と考える研究者が多いようです。そもそも、韓国では渡りの水鳥を縁起の良い生きものとする考え方があることは、ソッテの項でも触れましたが、同じ理由でキロギも人々から愛され続けている水鳥なのです。

　鳥をモチーフにした調度品は青銅器時代から作られており、それが変化してキロギになったと考えられていて、三国時代には既にキロギが結婚の儀式に登場していたことが文献に記されているそうです。しかし、その頃は生きた水鳥を使っていて、木製のキロギが登場するのは朝鮮時代に入ってからのことだそう。また現在は二羽の番いになっているのが一般的ですが、元々は一羽だけで儀式が執り行われていました。

　現在のキロギが夫婦愛という個人的な結びつきを強く意味しているのに対し、朝鮮時代までのキロギには、それ以上の深い哲学がありました。ソッテと同じように、あらゆる世界を繋ぐ使者として存在していたキロギには、全世界との結びつきを願う意味が込められていたのです。婚礼が終わると、生きた水鳥であるキロギは、自由に飛び立たせていたそうで、その行為そのものに大きな意味がありました。飛び立つことで世界と繋がる。それは、世界があるからこそ、自分たちが存在しているという思想を表すことでした。結婚という人生の門出に、そうした平和的考え方を象徴するキロギを取り入れた背景には、共同体の秩序を最も重んじた、この国の人々の思いが宿っていたことが推測できます。もちろん水鳥を結婚の縁起物として選んだ理由には、多産であること、万里を翔《かけ》るエネルギーが健康を象徴するなどの理由があることも確かなことです。

上2つとも朝鮮時代のキロギ。キロギポと呼ばれる専用のポジャギに包まれて登場するのは、生きた水鳥を使用していた時代に、鳥が動き回らないように包んでいた名残でもあります。色彩のない無地のキロギは庶民のもの。

朝鮮時代に作られた色彩豊かなキロギ。両班のためのものと考えられますが、素朴な造形は専門の職人の仕事ではなかったように思われます。木人博物館蔵。

木工芸作家による、クラフトとしてのキロギ。こうしたキロギは置物として、インテリアのなかで楽しむ人も多いようです。

今では数少ないキロギ作家、チェ・ジョンスさんの作品。陰陽五行説の5色を基本にしたトラディショナルなキロギです。

これもチェ・ジョンスさんの作品。掌に乗る小さなサイズで愛らしい。くちばしを縛る糸も、生きたキロギを使用していた頃の名残です。

탈 ❀ 面

タル

ユニークな面に、庶民の遊び心がいっぱい

タルチュムと呼ばれる仮面祭り。タルとは仮面のことで、現在も韓国の各地で仮面祭りは行われています。タルチュムは本来、神事の一つとして無病息災や豊作などを願う祭りですが、朝鮮時代までは、単なる神事としての目的だけではない、別の重要な要素が含まれていました。

朝鮮半島のどの地域にも存在していたタルチュムの演者は庶民でしたが、その舞台の登場人物には庶民から両班まで、あらゆる人々が存在し、その配役に合わせたタルが作られました。病人もいれば、肉屋、下男、そしてソンビ（徳を備えた両班）に僧侶に遊女まで、当時の社会を構成していたすべての人々がタルとなって登場します。

地方によって語られる物語の細部は違っていても、基本は同じでした。社会の人間関係を表した内容のタルチュムは、いわゆる無礼講が許されていたため、支配階級である両班に対し、一年に一度、庶民が彼らを揶揄することができる唯一

黄海道（ファンヘド・北朝鮮）地方のカンリョンタルチュムに登場する物欲の強い両班のタル。赤い帽子はとてもお洒落だけれど、それは物欲の表れ。

慶尚南道（キョンサンナムド）のカサンオグァンデという祭りの両班。動物の毛で作られた何ともユニークな造形。ぬいぐるみのようでカワイイ。

統営（トンヨン）の祭りに登場するソンニムという病人で、お客様という意味もある。病人には優しく接することから、そうした意味が生まれた。

楊州（ヤンジュ）の祭り、ヤンジュビョルサンデノリに使われる旅芸人の女性の面。エサダンと呼ばれる存在で、白塗りに赤い紅は独特の化粧。

黄海道に伝わるポンサンタルチュム。もとは僧侶だった男が、心の醜さから鬼になってしまったという物語に登場。

黄海道のウニュルタルチュムという祭りで、セメクシと呼ばれる花嫁。婚礼用の帽子チョクトゥリを被り、赤い頬紅も婚礼を表しています。

慶尚南道のチンジュオグヮンデに出てくる鬼。日本の鬼にくらべユーモラスでひょうきんな表情がいい。どことなくアニメ的。

の機会だったのです。教養のあるソンビが気取った鼻持ちならない人間だったり、僧侶が女好きであったり、そうした裏に隠された人間性をタルに表現することで、庶民たちは普段の鬱憤を晴らしていたのだそうです。顔中にブツブツのある病人のタルにも、病を追い払う意味以外に、両班と見立てた役割があったそうで、こうしたタルからもかなり自由にタルチュムが行われていたことが窺えます。

元々タルという言葉には、偽りという意味があり、そうした偽りを明らかにすることがタルチュムの目的でもあったといわれています。どんなに身分の高い人間も、一皮剝けばみんな同じ、身分の違いとは所詮そんなものである。そうした達観した考え方を祭りの遊びの中に取り込むことで、立場の違いを理解し合い、階級間にある諍いを解決しようとしたのだとか。支配階級を守るための苦肉の策であったようなタルチュムですが、ここに並ぶ愉快な造作のタルを見ていると、庶民であった人々の明るく大らかな精神を感じずにはいられません。

左：慶尚南道のカサンオグヮンデに登場する、西の白い将軍。着けると胸あたりまで隠れる大きなタル。
右：シビジと呼ばれる十二支の中の辰。朝鮮半島のさまざまなお祭りに登場するそう。赤い舌や、木の枝で作られた角が素朴で愛らしい。

カㇰシと呼ばれる伝説の女性（右）は、神の使いとなり村の安全を願うシンボルとなりました。小柄な女性がカㇰシ役になって男性の肩に乗り、ハフェマウㇽの中を行進します。その列の中には物語に登場するさまざまな人物のタㇽも参加。それぞれの役になりきった村人たちの演技が素晴らしい。

豪快に舞い歌う……安東の国際仮面舞フェスティバルを訪ねて

ソウルから南東へ向かい、車で約二時間半の場所にある安東《アンドン》。ここには、韓国一有名なタㇽチュムが行われる河回村《ハフェマウル》と呼ばれる韓屋の村があります。毎年秋に行われるこのタㇽチュムは、高麗時代から続くという伝統の祭りで、この地にいたホドリョンという実在の人物がタㇽ作りの名人であったことから、タㇽにまつわる物語が生まれたと考えられています。

このタㇽチュムが基になり開催される「安東国際仮面舞フェスティバル」では、伝統の仮面舞踊が村人たちによって披露されています。

ハフェマウルに伝わるタルは、ホドリョンという職人によって高麗時代に作られ、現物は国宝として国立中央博物館に収められています。現在使用しているタルは、キム・ドンピョさんによって作られたもの。両班や僧侶の狡猾な表情、庶民である下男や老婆の明るい顔、それぞれの特徴を見事に表現しています。

小澤典代さんお薦めの

ショップ&ミュージアム

「イェジバン」
ソウル市鍾路区寛勲洞75-2F
TEL02-722-9556

「東琳メドゥップ博物館」
ソウル市鍾路区嘉会洞11-7
TEL02-3673-2778

＊骨董全般

「ジャンミバン」
ソウル市東大門区踏十里5洞
530-10サミ商街6洞
TEL02-2249-7849

「トンインバン」
ソウル市東大門区踏十里5洞
530-6サミ商街2洞182
TEL02-2213-6708

「ソッコダン」
ソウル市東大門区踏十里5洞
530-6サミ商街2洞114
TEL02-2212-5622

「kawa」（螺鈿）
ソウル市鍾路区寛勲洞38
サムジギル1階
TEL02-3210-1009

「漆ギャラリーオン」（螺鈿）
ソウル市西大門区延禧洞
434-23
TEL02-723-5777

「無形文化財展示場」
（ファガク工芸）
ソウル市江南区三成洞112-1
TEL02-566-6300

＊ノリゲ、金属工芸、アクセサリー

「ソヨン」
ソウル市鍾路区寛勲洞38
サムジギル3階
TEL02-736-5949

「アウォンコンバン」
ソウル市鍾路区寛勲洞38
サムジギル1階
TEL02-734-3482

ショップ

＊木工芸、金属工芸

「韓国工芸文化振興院」
（工芸全般）
ソウル市鍾路区寛勲洞182-2
TEL02-733-9041

「東洋茶藝」（茶道具、菓子型）
ソウル市鍾路区寛勲洞192-13
TEL02-723-7664

「チルシル」（菓子型）
ソウル市鍾路区臥龍洞164-2
TEL02-741-5413

「ナウン」（螺鈿）
ソウル市中区南大門路5街
ヒルトンホテル1階
TEL02-779-2259

●以下は、本書中で扱った工芸品に出会える、韓国国内のお店や博物館のデータ（2010年2月現在）。
●電話について：日本からかける場合は、010（国際電話識別番号）の後に、82（韓国の国番号）、そして市外局番のはじめの0をとった番号にかけます。
例）02-123-4567なら、010-82-2-123-4567となります。

「ジングァンオンギ」
ソウル市鍾路区安国洞85
TEL02-722-3409

＊布工芸

「国際刺繍院」
ソウル市鍾路区寛勲洞189
TEL02-732-0830

「セロバン」
ソウル市鍾路区寛勲洞38
サムジギル1階
TEL02-722-8888

「ソムニ」
ソウル市鍾路区寛勲洞197-4
TEL02-725-2996

「架橋」
ソウル市鍾路区寛勲洞6-3F
TEL02-720-0365

「キム・ドゥファン金箔」
ソウル市鍾路区花洞118-2
TEL02-730-2067

＊寝具、婚礼用品、韓服

「ビン」
ソウル市鍾路区寛勲洞38
サムジギル3階
TEL02-735-5760

「soyoo」
ソウル市江南区清潭洞118-17
NATURE POEMビル216号
TEL02-546-1454

「タムヨン」
ソウル市江南区清潭洞2-2
TEL02-546-6464

「差異」
ソウル市龍山区漢南洞272-8
TEL02-333-6692

＊磁器、陶器

「1260＃」
ソウル市西大門区弘恩洞376-4
MJアート・セラミック
TEL02-300-3828

＊韓紙と韓紙工芸

「チャンジバン」
ソウル市鍾路区寛勲洞38
サムジギル1階
TEL02-723-0457

「チダム」
全羅北道全州市完山区豊南洞
3街33-5
TEL063-231-1253

＊篆刻

「コアム
チョンガクギャラリー」
ソウル市鍾路区仁寺洞
137-2-3F
TEL02-732-5515

「チョンガクギャラリー」
ソウル市鍾路区寛勲洞
155-10
TEL02-735-9180

京畿道驪州郡康川面窟岩里9-3
TEL031-882-8100

「韓山モシ館」（モシ）
忠清南道舒川郡韓山面芝峴里
60-1
TEL041-951-4100

「安東タル博物館」（タル）
慶尚北道安東市豊川面河回里
287
TEL054-853-2288

「郷土民族博物館」（金具）
慶尚南道晋州市本城洞10-4
TEL055-746-6828

「済州石文化公園」（石人）
済州島済州市朝天邑橋来里山
119
TEL064-710-6631

「ボナ博物館」
（装身具、布工芸）
ソウル市鍾路区寛勲洞192-10
TEL02-732-6621

「韓国刺繍博物館」
（ポジャギ、チュモニなどの
布工芸）
ソウル市江南区論峴洞89-4
TEL02-515-5114

「梨花女子大学博物館」
（装身具、布工芸、衣装）
ソウル市西大門区台賢洞11-1
TEL02-3277-3152

「国立中央博物館」（工芸全般）
ソウル市龍山区龍山洞6-168-6
TEL02-2077-9000

「江華ファムンソク文化館」
（ワンゴル工芸）
仁川広域市江華郡松海面陽五里
630-1
TEL032-932-9922

「女性生活史博物館」
（工芸全般）

「テハン金箔」
ソウル市鍾路区禮智洞269-3
クァンジャン市場内
テハンジッムル3階303号
TEL02-2266-8634

博物館

「木人博物館」（木偶）
ソウル市鍾路区堅志洞82
TEL02-733-0184

「トンスンアートセンター」
（木偶）
ソウル市鍾路区東崇洞1-5
TEL02-766-3390

「スゥエッテ博物館」（鍵）
ソウル市鍾路区東崇洞187-8
TEL02-766-6494

あとがき

5年ほど前まで、隣の国でありながらほとんど何も知ることのなかった韓国。「スッカラ」という、韓国の文化を紹介する雑誌が2005年に創刊されることに伴い、隣国の工芸を取材するチャンスを得てからは、その奥の深さにいつも感動させられてきました。

興味深いのは、日本の工芸のルーツになっているものが多いこと。いわば、日本の先輩に当たる韓国の工芸。そこには、東洋的な繊細さや独特の美意識がありました。表現のしかたなどに違いはあっても、私たちには驚くほど共通点が多いことも知り、それまで感じていなかった親近感を持つことができました。

日本でも韓国でも、そしてたぶん世界中のどこでも、ものづくりをする人たちは、真っ直ぐで素敵な人ばかりだという事実も肌で感じることができ、ものに対する興味はつくる人々への興味と重なり、深まる一方です。

取材を受けてくださった方々は、言葉の通じない私に、何とかものの成り立ちを教えようと、一生懸命に手だてを考えてくださいました。そこに、あたたかで大きな何かがあったからこそ、私は、この仕事を続けられたのだと思っています。

最後に、この仕事を連載という形で続けさせてくれた、雑誌「スッカラ」スタッフのみなさん。韓国で、さまざまなサポートを続けてくれたキム・キエさん。そして縁の下の力持ちとして、いつも助けてくれた韓麻木さん。

本当にどうもありがとう。

小澤典代

●参考文献

『韓国の歴史』李景珉監修
水野俊平著　河出書房新社　2007年

『朝鮮王朝の衣装と装身具』張淑煥監修・著
原田美佳他訳著　淡交社　2007年

●本書は「スッカラ」（スッカラ刊）
2007年3月号から2009年4月号までの
連載「韓国の美しいものたち」を元に
再編集し、大幅に加筆して
まとめたものです。

●文・構成　小澤典代
●写真撮影　森隆志
●ブック・デザイン　中村香織

とんぼの本

韓国《かんこく》の美《うつく》しいもの

発行　2010年3月25日
2刷　2012年9月20日

著者　小澤典代《おざわのりよ》　森隆志《もりたかし》
発行者　佐藤隆信
発行所　株式会社新潮社
住所　〒162-8711　東京都新宿区矢来町71
電話　編集部　03-3266-5611
読者係　03-3266-5111
http://www.shinchosha.co.jp
印刷所　凸版印刷株式会社
製本所　加藤製本株式会社
カバー印刷所　錦明印刷株式会社

ISBN978-4-10-602201-2 C0372